KB095943

나 로 향 하 는 길

열두 밤의 책방 여행

글 + 사진 김슬기

나로 향하는 길

책구름

차례

아이가 잠들면 서재로 숨었다. 책을 부여잡고 한 시절을 버텼다. 이후로도 계속 글을 썼다. 내가 쓴 책이 네 권이 되는 사이 아이는 쑥쑥 자랐다. 혼자 할 줄 아는 것이 많아졌다. 하루가 다르게 내 손을 떠나가는 아이를 보며 복잡한 감정이 밀려왔다. 그토록 기다렸던 시간이건만 무언가 쓸쓸하고 뭉클했다. 자주 울컥하며 되뇌었다. '한 시설이 끝나고 있는 거야, 이렇게 한 시절이 지나가는 거야.'

어느새 맞이한 엄마 살이 10년 차. 육체적인 고단함이나 물리적 돌봄이 사라진 자리를 채울 무언가를 고민하기 시작했다. 나만의 의식을 치르고 싶었다. 내가 살아온 10년을 돌아보며 기념하고 앞으로 살아갈 또 다른 10년을 준비하는 시간, 한 시절의 끝에서 또 다른 시절을 준비할 교두보. 아이의 아홉 번째 생일이 지난 어느 날, 1년간의 장기프로젝트를 결심했다.

내가 다시 한 달 살기를 한다면 그것은 '결별'을 위한 시간이어야 할 것
이다. 아내라는 위치와 엄마라는 역할, 누구의 딸이자 누구의 며느리, 누
군가의 무엇이라는 꼬리표를 모두 내려놓고 떠나는 시간. 마땅히 그래
야 한다는 당위성과 그것이 옳은 일이라는 의무감 따위는 철저히 무시
하는 시간. 그저 나를 위한 시간, 내가 선택한 시간. 떠나지 않고는 견딜
수 없는 시간, 지금이어야만 하는 시간.

—김슬기, 《딸에게 들려주는 여자 이야기》 중에서

떠남보다는 머무르기를, 새로움보다는 익숙함을, 여행보다는 일
상을 사랑하는 내가 선택한 것은 '결별'이었다. 엄마로, 아내로, 주어
진 역할에 충실하느라 나 자신에게는 소홀했던 나와의 결별. 면허는
있지만 운전할 줄 모르고 지하철만 타도 멀미를 하는 몸으로 내가 사
는 지역을 벗어나는 일이 거의 없는 나와의 결별. 그렇게 한 달에 한
번, 나 혼자 책방 여행을 떠났다. 1년 열두 달 내가 보낸 열두 밤의 이
야기를 여기에 담았다.

낯선 거리에서 나는 또 다른 모습이었다. 여행 중인 나를 남긴 사
진도, 근사한 풍경 사진도 없다. 다만 걷고, 만났다. 그저 읽고, 따라
갔다. 책방에서 만난 책이 길을 안내했다. 앞선 여행의 걸음이 다음

나아갈 길을 펼쳐냈다. 그 길을 걸어가 보기 전까지는 감히 상상할 수도 없는 경로에서 나로 존재하며 또 달라졌다.

　내가 미워했던 나를 끌어안았다. 그 누구보다 나를 귀하게 대접했다. 수천 번을 다시 떠올려도 시들지 않을 여름의 녹음이 내 가슴 속으로 들어왔다. 한겨울의 차가운 바람에도 식을 수 없는 온기가 나를 감싸 안았다. 길에서 자란 나의 변화는 내 곁에 있는 이들에게로 이어졌다. 나로 향하는 길은 나 자신을 위한 길이자 내 곁의 이들을 위한 길이었다. 나의 밤이 또 다른 밤으로 이어지길 바라며 썼다. 아이를 키우는 엄마도 떠날 수 있었다. 멀미가 심하고 운전을 할 줄 모르는 내 모습 그대로, 그곳에 가기 전까지는 몰랐던 책과의 만남을 통해 생각지도 못했던 배움과 발견을 만들 수 있었다.

　지나온 시간과 지금, 이 순간 또 앞으로 다가올 날들을 위한 밤. 새로운 도전이자 자유의 밤, 성장의 밤. 우리가 모두 맞이할 밤을 기대하며 또 한 권의 책을 내어놓는다. 이 책을 펼친 이들 곁으로 열두 밤의 달빛이 전해지기를 간절히 바란다.

혼자 떠나 본 엄마이자 홀로 떠날 수 있게 된 여자
김슬기

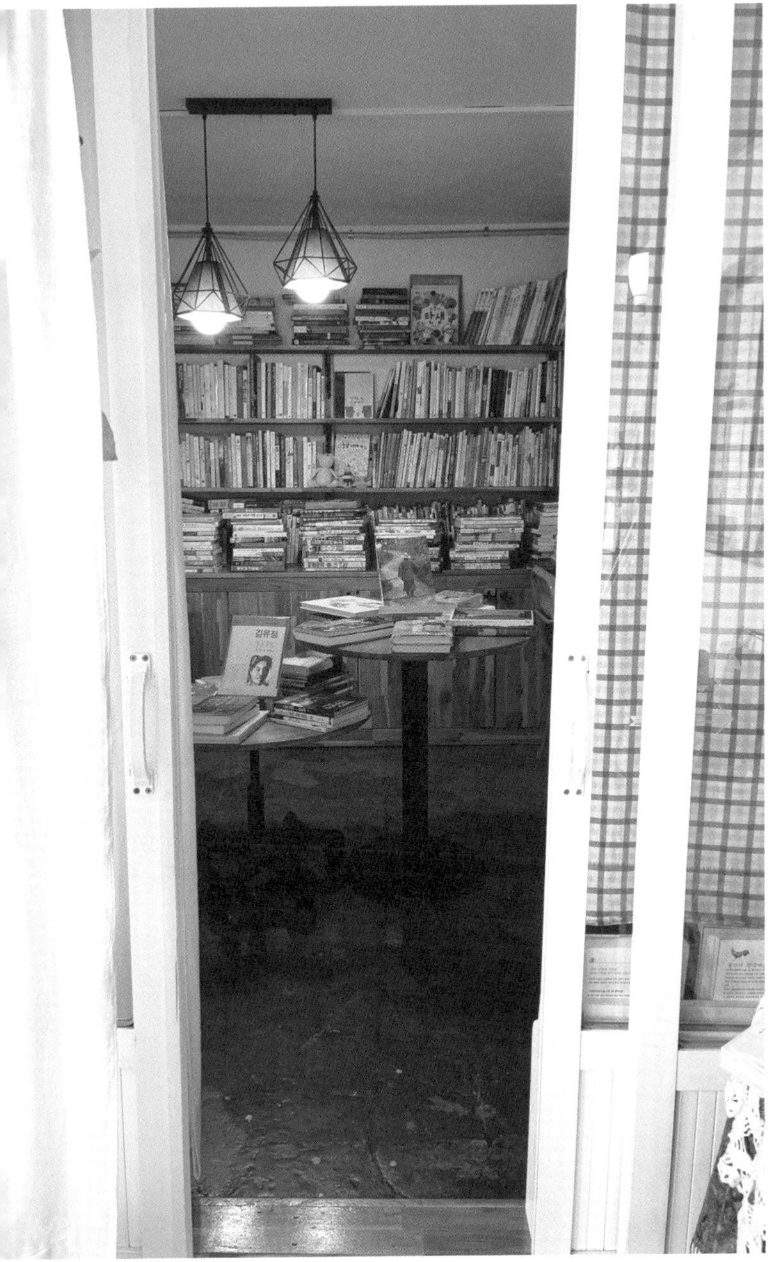

첫 번째 여행

춘천

〈실레책방〉

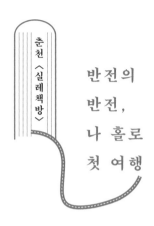

춘천 〈실레책방〉

반전의
반전,
나 홀로
첫 여행

"조심히 잘 가. 난 알아서 할 게, 내일 봐."

셋이 함께 탔던 차에서 내리자마자 청바지 사이로 서늘함이 밀려
왔다. 남편과 아이가 탄 자동차는 또 어찌나 빨리 달려가는지. 쏜살
같이 사라지는 자동차의 후미를 바라봤다. 바라보는 내 가슴에도 시
린 바람이 들이쳤다. 지나가는 사람이 한 명도 없는 휑한 시골 거리
위에 덩그러니 섰다. 처음부터 나 혼자 왔어야 했던 걸까? 헤어지자
마자 몰려오는 이 허전함은 뭘까?

혼자가 되니 생겨난 감정은

두근거림보다 앞서는 외로움을 애써 추슬렀다. 너무도 선명하게 밀려오는 감정을 부정하며 당황한 나를 진정시켰다. '아냐, 그럴 리 없어. 내가 지금 추위서 그래. 혼자만의 시간을 얼마나 갈망했는데, 이게 어떻게 얻은 시간인데? 지금 내 몸이 시려서 그런 거야. 따뜻한 곳에 들어가 배 속을 채우면 달라질 거야. 일단 든든하게 밥부터 먹자. 좋은 데에 가자.' 미리 봐 두었던 식당 중 강원나물밥을 브런치로 먹을 수 있다는 카페를 향해 10분 남짓 걸었다.

묵직한 문을 열고 〈오심5〉로 들어갔다. 카페 내부를 가득 채우고 있는 폴란드 그릇들이 먼저 눈에 들어왔다. 강남의 폴란드 그릇 샵 〈폴로네이즈〉가 춘천 김유정역점으로 확장 이전을 하면서 그릇 카페로 새롭게 오픈했다고 한다. 아무도 없는 2층에 자리를 잡았다. 나뭇잎이 모두 떨어지고 남은 가지가 오히려 웅장해 보이는 나무 앞에 있는 테이블에 앉았다. 묵직한 가방과 외투를 내려놓고 한결 가벼워진 차림으로 창밖 풍경을 바라봤다. 낯설도록 고요했다. 빈틈없이 무성한 나뭇가지 위로 쏟아지는 햇살을 하염없이 바라보았다. 내가 사랑하는 그린색 테이블 매트 위에 식사와 커피, 소스가 올라간 곤드레 나물밥 한 상이 차려졌다.

이보다 토속적일 수 없는 곤드레밥이 발사믹 소스와 치즈가 뿌려진 샐러드와 함께 폴란드 그릇에 담겨 나왔다. 그릇과 음식의 낯선 조합이 낯설고 새로웠다. 식기를 들고 습관처럼 허겁지겁 밥을 먹다가, 은은하게 흘러 나오는 음악 소리에 정신을 차리고 바로 포크 질을 멈췄다. '아, 나 지금 이렇게 급하게 밥을 먹을 필요가 없는데? 느긋하게 지금 이 순간을 즐기며 먹어도 되잖아!' 지금 시각, 오후 1시 30분. 오늘의 할 일이라고는 천천히 밥을 먹고 북 스테이 입실 시간에 맞춰 걸어가는 것 밖에 없었다. 나는 '빠르게' 모드를 급히 종료했다.

오늘과 내일은 맘껏 느긋해도 되는 날이었다. 분초를 다투며 애쓰지 않아도 되는 날. 평소에 10분이면 다 먹는 밥 한 끼를 세월아 네월아, 밥 한 술에 풍경 한 번, 커피 한 모금에 딴생각 한 번을 더하며 먹었다. 음식으로 가려져 있던 폴란드 그릇이 제 얼굴을 다 보여주자 배가 잔뜩 부른 몸이 나른해졌다. 마침 이제 막 데이트를 시작한 것처럼 보이는 연인이 올라왔다. 커플의 등장이 어떤 신호라도 된 듯, 나는 천천히 일어나 숲으로 걸어갈 준비를 했다.

같은 무게, 같은 배낭이건만

스마트폰의 지도 앱이 알려주는 길을 따라 걸었다. 김유정역에서 〈썸원스페이지 숲〉까지는 4.4km. 택시로 8분이면 도착하는 시간 대신 1시간의 도보를 선택했다. 택시는 지하철을 타도 멀미를 하는 내 몸이 가장 힘들어하는 이동 수단이기도 했지만, 이 여행은 가급적 내 몸으로, 나의 두 다리로 뚜벅뚜벅 누려보고 싶었다. 낯선 길을 혼자 걷는 내 옆에 태양이 찰싹 따라붙었다.

태양은 149,597,870km, 그러니까 지구 한 바퀴를 3,561번 돌아야 하는 거리만큼 떨어져 있는 우리 사이의 아득한 거리가 무색하게 아무도 없는 시골길을 걸어가는 내 머리 왼편에서 압도적인 존재감을 자랑했다. 그 빛이 얼마나 찬란하고 든든한 존재가 되었는지 길을 걸어가 보기 전에는 알 수 없었다. 그저 하늘에 떠 있는 태양이 더없이 큰 위로와 힘이 될 수 있다는 것을 그 길에서 처음 배웠다.

산등성이나 구름 뒤로 태양이 모습을 감출 때마다 가방의 어깨끈을 더 세게 부여잡았다. 최소한의 짐만 추리겠다는 다짐이 무색하게도, 간단한 세면도구와 잠옷 한 벌, 노트북과 휴대전화 충전기를 넣은 백팩은 꽤 묵직했다. 가족들과 함께 있을 때나 지금이나 어깨가 가라앉을 만큼 버거운 가방의 무게는 그대로인데, 대신 들어줄 남편이 없는 가방 무게는 버겁기보다 든든했다. 중간중간 인도가 따로 없는 1차선의 차도가 위험하기도 했지만, 평균 심박수 114BPM으로 62분간 4.89km를 이동한 끝에 썸원스페이지 숲으로 들어섰다.

〈썸원스페이지 숲〉은 춘천의 숲 스테이이자 북 스테이 공간이다. 나는 오직 한 사람만 묵을 수 있다는 '혼자만의 방'을 예약했다. '나를 돌아볼 시간이 필요한 분, 자발적 고립이 필요한 분, 책과 나무와 별을 보며 쉼이 필요한 분'을 위한 공간이라는 설명이 붙은 혼자만의 방은 '방'인 동시에 작은 '집'이었다. 뾰족한 박공지붕 천장이 올라간 나무집으로 들어서자 깜찍한 고양이 인형이 인사를 건넸다. 슈퍼싱글 사이즈의 포근한 침대와 책을 읽고 글을 쓸 수 있는 책상과 의자, 전자레인지를 이용한 간단 조리용 싱크대가 오밀조밀 놓여 있었다. 침대가 놓인 방 한 면은 통창으로 눈 덮인 숲속 풍경이 펼쳐져 있었다. 커튼 틈새로 보이는 풍경에 감탄하다 숲속의 서재로 들어갔다.

혼자만의 방 바로 맞은편에 있는 숲속의 서재는 〈썸윈스페이지 숲〉에서 묵는 이들이 모두 이용할 수 있는 공용공간으로 꽤 많은 책이 구비되어 있었다. 누군가의 서재나 동네 책방의 서가를 볼 때는 일단 내가 읽어본 책, 잘 아는 책, 좋아하는 책을 찾아보며 교집합이 얼마나 있는지, 우리 사이의 유사도를 점쳐보는데, 숲속의 서재에 꽂혀 있는 책의 상당수가 이미 읽어본 책이거나 독서 모임에서 함께 나눈 책, 읽어보고 싶어 리스트에 올려둔 책이었다. 서재에 있는 책들은 방으로 가져가 읽을 수 있었다. 나는 동네 책방을 방문할 때마다 지키는 나만의 규칙에 부합하는 책(여기 오기 전까지는 몰랐던 책, 여기 와서 처음 본 책)을 골라 방으로 돌아왔다.

첫 번째 밤은 이상한 밤, 반전의 밤

나 혼자 떠날 예정이었던 여행의 시작을 가족들과 함께하게 된 건 지난 주말, 갑자기 터져 나온 아이의 말 때문이었다. D-7. 그러니까 이 여행을 떠나오기 일주일 전, 아이는 이해할 수 없다는 표정으로 물었다. "엄마 혼자 여행을 간다고? 우리는 같이 안 가고? 왜 우리랑 같이 안 가고 엄마만 혼자 여행을 가? 다른 사람들이랑 같이 가는 거야? 나도 여행 가고 싶은데, 우리 같이 가면 안 돼? 우리 같이 가자!"

예상치 못한 아이의 반응에 일~월 나의 여행 하루 전, 토~일에 주말 가족 여행이 추가되었다. '진짜' 홀로 여행 전에 '연습' 여행을 떠나기로 한 것이다. 그렇게 셋이 온 춘천은 눈의 왕국이었다. 혹한의 영하 14도. 주차장에 차를 대고 닭갈비집에 들어가는 30걸음도 종종거리게 되는 날이었지만, 펑펑 쏟아지는 눈을 보자 지독하게 느껴졌던 추위가 단번에 사라졌다. 〈자유빵집〉 근처에서 한 번, 〈KT&G 상상마당 춘천 스테이〉에서 또 한 번, 우리는 신나게 눈놀이했다. 반짝이는 결정체가 그대로 보일 만큼 커다랗게 떨어지는 눈송이를 잡았다. 자동차와 테라스 위에 소복이 쌓인 눈을 불고 던졌다.

"어쩜 우리가 딱 여기에 온 날 눈이 이렇게 많이 올까? 오늘은 정말 최고의 하루야!" 아이는 눈부시게 웃으며 소리쳤다. 내 마음도 들떠 일렁였다. 새하얀 세상을 떠나고 싶지 않아서, 특별한 검색도 없이 그저 가까워서 선택한 식당의 저녁도 훌륭했다. 3일 전에야 급하게 예약한 숙소도 깨끗하고 깔끔했다. 다음 날 먹은 맛깔스러운 조식까지 모두가 믿을 수 없는 선물이었다. 최소 한 달 전에는 계획을 세워야 안심이 되는 나에게 '계획에 없던 여행'이 선사해 준 행복이었다.

그렇게 셋이었다가 혼자가 되었던 아침의 낯설었던 감정들이 늦은 저녁이 되자 다시 떠올랐다. 역 주변에서 사 온 김밥을 먹고 이불 속으로 들어가 등받이 쿠션에 기대 앉았다. 발가락만 꼼지락거렸다. 애초의 계획은 숲속의 서재에서 가지고 온 책도 읽고, 무겁게 이고 온 노트북 앞에 앉아 글도 쓰는 것이었건만… 평소에는 5분도 하기가 힘들었던 멍때리기 모드가 제대로 기어를 넣었다. 나 혼자만의 첫날밤은 아무것도 하지 않는 멈춤의 시간이었다. 일시 정지 버튼을 누른 듯 아무도 없는 방에서 그저 고요하게 3시간이 흘러갔다. 뭐 하나라도 더 하기 위해 쉴 새 없이 종종거리기 바빴던 내가 없는 이상한 밤이었다.

집에는 잘 도착했는지, 아이의 컨디션은 괜찮았는지. 밤이 더 깊어지기 전에 안부를 물으려고 그에게 전화를 걸었다. 그리고 수화기에서 흘러나온 그의 목소리를 듣자마자 나도 모르게 목이 콱 막혔다. "나도 집에 가고 싶어. 너희들이랑 자고 싶어. 나 혼자 너무 외로워. 너희들이 보고 싶어. ㅠㅠㅠㅠ", "지금 우리가 데리러 갈까? 차 안 막히는 시간이라 한 시간이면 갈 수 있어~" 남편의 유혹에 넘어가지 않으려고 애를 써야 했던 밤을 보내고 새 아침이 다가왔다. 3천 원을 내면 먹을 수 있는 조식도 마다하고 전날 오후 걸어온 길을 되짚어 걸어가 목적지인 〈실레책방〉에 들어갔다.

실레책방 엄마 선배 가라사대

20~30대 청년들이 운영하는 동네 책방을 많이 봐왔던 탓이었을까? 책방에 오기 전 보았던 후기의 대부분이 20대 젊은 친구들의 글이었던 탓이었을까? 근거 없이 생긴 내 머릿속 책방지기의 이미지와 달리 〈실레책방〉을 만들고 운영하는 분은 초등학교 교사로 정년 은퇴를 하신 엄마 선배였다. 할머니 집에 놀러 온 듯한 시골집 구조에 오래된 자개 장식장이 예스러운 느낌을 주면서도 아기자기 귀여운 장식품과 일러스트 엽서가 사랑스럽게 어우러져 있었다. 마치 70대 할머니와 10대 손녀가 함께하는 공간 같은 느낌이었다. 월요일 아침 일찍 혼자 들어 온 나에게 책방지기님이 따뜻한 매실차 한 잔을 내어주셨다.

"나도 아이들이 어릴 때 혼자만의 여행을 가본 적이 있어요. 그런데 나는 좋은 것보다 아이들이 보고 싶고 허전한 마음이 더 크더라고요. 혼자 하는 여행은 나랑 잘 맞지 않나 보다 하고 더 챙겨 가지는 못했지요. 아이들이 어릴 때는 가족들 아무도 모르는 나 혼자 가출을 한 적도 있었는데…"

이제 11살이 될 아이를 두고 혼자 온 여행이라는 내 말에 책방지 기님은 오래전 혼자 했던 여행 이야기를 들려주셨다. 좋은 것보다 그리움과 허전함이 더 컸다는 이야기에 사르르 마음이 녹았다. 어제 종일 밀려오는 외로움에 어쩔 줄 몰랐던 내 마음이 토닥토닥 위로받았다. 가족들은 모르는 엄마만의 가출 이야기, 아이들을 키우면서도 내 일과 나를 위한 시간을 놓치지 않기 위해 해왔던 노력과 노하우도 들려주셨다. '한 번에 하나씩' 지금 내가 할 수 있는 선에서 딱 하나씩만이라도 꾸준히 지속하다 보면, 긴 시간이 지난 후 나에게 많은 것이 남아있더라는 이야기가 깊이 박혔다.

'한 번에 하나씩, 한 달에 한 걸음씩. 그래, 딱 한 번씩만 해보는 거야.' 간직하고 싶은 말을 가슴에 품었다. 책방에 있는 책들을 찬찬히 들여다보았다. 그림책과 글책, 신간도서와 중고책은 물론 독립출판물과 다양한 시집이 있었다. 나는 시몬 드 보부아르의 책 두 권과 아이가 좋아하는 고양이가 그려진 〈실레책방〉 엽서를 구입해 나왔다. 책방에 더 머물고 싶었으나 빈속에 61분을 걸어온 내 뱃속이 어찌나 뜨끈한 식사를 외쳐대는지… 그 소리를 외면할 수 없어 책방 근처의 〈유정 국밥〉에 들어가 순대국밥 한 그릇을 싹 비웠다. 으아, 이제 좀 살겠네!

예쁜 카페에서 보내는 월요일 오후

빵빵해진 배를 두드리며 경사진 마을 길을 올랐다. 갤러리 느낌이
물씬 나는 〈더웨이〉 카페에 들어갔다. 초록초록한 식물과 우드, 화이
트 톤의 인테리어가 눈을 사로잡았다. 널찍하게 탁 트인 1층에서 아
메리카노와 스콘 하나를 주문하고 2층으로 올라가 그림 같은 풍경
앞에 자리를 잡았다. 지금 이 시간에 내가 여기 앉아 있는 게 낯설게
만 느껴졌다. 안정감 없이 하늘에 동동 떠 있는 기분이랄까? 좋으면
서도 어색하고, 황홀하면서도 불안한 마음을 딸기잼과 버터가 올라
간 스콘으로 달래고 있을 때, 학교 수업을 마치고 집에 들어온 아이
에게서 전화가 왔다.

"응, 하윤아. 집에 잘 왔어? 학교는 잘 갔다 왔어?"

"응, 엄마. 나 오늘 급식이 별로여서 조금밖에 못 먹고 왔는데, 우
리 춘천에서 사온 빵 간식으로 먹고 가도 돼? 그거 어디 있어?"

자유빵집에서 사 온 딸기 크루아상을 먹어도 좋다는 허락을 받자
마자 전화가 끊어졌다. 전날 점심 때 헤어지고 꼬박 24시간 만에 처
음 걸려 온 전화였건만 용건이 어찌나 명확하고 간결한지… 10살 어
린이에게 중요한 건 엄마의 부재가 아니었다. 잠시 후 예쁜 접시 위
에 야무지게 올라간 크림 크루아상 반쪽 사진이 카톡으로 날아왔다.
맛있게 먹으라는 내 말에 "보고 싶어"라는 톡도 함께. (끼약!) "엄마도
하윤이 보고 싶어. 엄마 일찍 갈까?" 내가 보고 싶다는 아이의 문자

에 지금 당장이라도 벌떡 일어나 집에 가고 싶어진 나는 기다렸다는 듯 바로 물었다. 그런데 막상 아이는, "아니", "음", "안녕"… 나를 찾지 않는 게 고마우면서도 쓸쓸했다. 노트북을 펼치고 그 마음을 썼다. 블로그 글 하나를 발행하고 일어섰다. 카페 한쪽의 신기한 사진기에서 찰칵, 영수증 뒷면에 흑백으로 인쇄되어 나오는 더웨이 방문 기념사진을 찍고 카페를 나섰다.

들어갈 때 건물 한가운데 높이 떠 있던 해가 어느새 서쪽으로 기울었다. 잔뜩 흐린 구름 사이로 살굿빛을 뿜내는 하늘을 한참 바라보다 비로소 걸음을 옮겼다. 그런데 이럴 수가… 〈김유정 생가〉와 〈김유정이야기집〉은 매주 월요일과 1월 1일, 설날, 추석 당일 휴관이라는 안내문이 붙어 있었다. 카페와 식당을 검색할 때마다 잊지 않고 확인하는 쉬는 날을 어째서 문학관을 알아볼 때는 지나친 것인지 이제 와 알 수는 없는 노릇이고… 경춘선을 타기 전 김유정 문학촌을 돌아보겠다는 계획은 그렇게 사라졌다.

상봉행 열차가 알려준 진실

폐역이 된 김유정역의 산책로를 걸었다. 군데군데 등장하는 포토존을 지나 새로 지은 김유정역 앞에 다다르자, 산등성이로 넘어가기 직전의 낙조가 쏟아졌다. 혼자 하는 여행 내내 곁을 지켜 주었던 해가 마지막까지 함께 했다고 생각하니 따뜻했다. 완전히 사라진 해를 뒤로하고 역으로 들어갔다. 5분 뒤 바로 도착한다는 상봉행 열차를 기다렸다. 벌써 끝이라는 아쉬움보다는 이제 다시 집에 간다는 안도감이 밀려왔다. 반갑게 맞이한 열차에 홀쩍 올라탔다. 텅 빈 객차의 빈자리에 앉았다. 집을 향해 달려가는 차창을 바라봤다. 그런데, 창밖으로 빠르게 사라지는 풍경을 보자 '아아'하는 탄식이 터져 나왔다. 마음이 뒤집히고 있었다.

집에 가고 싶지 않았다. 열차를 돌려 거꾸로 가야 할 것만 같았다. 휴대전화를 꺼내 다음 여행 날짜를 확인했다. 얼른 또 가고 싶다는 열망만이 솟구쳤다. 혼자 있고 싶지만 정작 혼자일 땐 가족들이 보고 싶고, 가족들과 함께 있고 싶지만 정작 집에 갈 땐 다시 혼자만의 여행을 가고 싶어지는 마음이라니… 혼자만의 첫날밤 가득했던 것은 남편과 아이를 향한 사랑과 그리움이었다. 그 절절한 마음에 내가 계속 혼자 여행을 다닐 수 있을지 마구 걱정을 했다. 하지만 집으로 가는 열차를 타는 것만으로 그 걱정을 말끔히 해결했다. 다시 돌아왔다. 한없이 보고 싶었던 사람들의 곁으로, 다음 여행을 기다리게 만드는 나의 일상으로.

Tip

춘천

KT&G 상상마당
춘천 스테이

<KT&G 상상마당 춘천 스테이>는 방이 넓지는 않지만, 가족 단위로 묵기에 좋은 숙소이다. 스테이 바로 옆에 함께 있는 상상마당에는 어린 아이들이 재미있게 놀 수 있는 숲 놀이터도 있다(숲 놀이터는 12월부터 3월까지 동절기 휴원이다).

춘천 빵지순례에서 빼놓을 수 없다는 <자유빵집>은 르꼬르동블루 출신의 셰프가 운영하는 빵집답게 먹음직스러운 빵이 가득하다. 우리는 닭갈비를 맛있게 먹고 갔는데도 마치 밥을 하나도 먹지 않은 사람들처럼 자유빵집의 대표 메뉴라는 티라미수 크루아상과 앙버터는 물론, 식후 디저트로 먹기에는 너무 길고 커다란 바게트와 푸가스까지 맛있게 먹었다.

1층에는 점심, 저녁 식사와 조식 뷔페를 먹을 수 있는 <ST COQS Urban Dining>이 있다. 춘천 스테이 투숙객은 점심이나 저녁 식사 시 10% 할인을 받을 수 있다. 다양한 메뉴와 생각보다 저렴한 가격에 부담 없이 3개의 요리를 주문해 맛있게 먹었다. 조식 뷔페는 전날 미리 신청한 뒤 이용할 수 있으며 체크인 시 상상마당 댄싱 카페인 베이커리 1+1음료 쿠폰도 제공된다.

자유빵집

<실레책방>에서는 3개의 코스로 이루어진 '실레마을 걷는 길 도슨트 투어(유료)'와 마을 여행을 하고자 하는 분들을 위한 '마을 안내(무료)'를 제공한다. 낯가림이 많아 처음 보는 사람과 함께 길을 걷는 게 어색하고 불편한 나는 신청할 엄두를 내지 못했지만, 실레마을 사람들이 살아온 역사와 설화, 김유정의 문학과 삶이 어우러진 길을 안내자와 함께 걸으며 진-하게 만나보고 싶은 분들에게 추천!

더 웨 이 카 페

실 레 책 방

<더웨이 카페> 2층 안쪽에는 영수증 종이에 흑백으로 인쇄되어 나오는 사진기가 있다. 소소하지만 특별한 방문 기념사진을 남길 수 있는 무료 서비스.

청도 〈오마이북〉

죽음과 함께,
어릴 적 소망을
찾아온 여정

6시 35분, 미리 싸둔 가방을 다시 한번 점검하고 나왔다. 아직 캄캄한 하늘 아래 눈이 내리고 있었다. 가로등 불빛 아래 눈송이가 먼지처럼 흩날렸다. 전날 14시간을 자고 일어났는데도 아직 잠이 덜 깬 기분이었다. 12월에 다녀온 첫 여행이 떠올랐다. '지난달에 셋이 갔던 춘천에도 눈이 참 많이 왔는데, 1월의 눈은 나만 먼저 보네.' 여전히 새까만 거리를 혼자 걸어 지하철을 탔다. 열다섯 정거장을 지나 도착한 서울역에는 눈이 제법 쌓여 있었다. 분주하게 눈을 쓸고 녹이는 사람들 곁에서 오늘의 설경을 남기고자 휴대전화를 꺼내 보니 어느새 7시 42분, 열차가 출발하기 10분 전이었다.

탑승구로 서둘러 내려가 대기 중이던 KTX에 올라탔다. 그런데 무언가 이상했다. 알 수 없는 찜찜함이 마구 몰려왔다. 불길한 예감은 왜 틀리지 않는 걸까! 슬금슬금 움직이던 기차가 뒤로 가기 시작했다. '출발 전 잠깐 후진을 하는 걸 거야.' 내 눈앞에 펼쳐진 상황을 부정했지만, 기차는 점점 더 빠른 속도로 달려갔다. '혹시 의자 방향이 잘못 고정된 건 아닐까?' 마지막 희망을 품고 의자 주변도 살펴봤다. 당황한 손으로 확인해 본 승차권이 진실을 말해주었다. 내가 예매한 표는 16호실 3D 역방향. 역?방향? 역???! 방향?!!!!! 집 밖을 나설 때면 멀미약부터 챙기는 멀미쟁이가 세상에나 역방향, 거꾸로 가는 자리를 예약했구나.

새 해 첫 여 행 은 불 운 의 연 속 ?

황당한 사실을 SNS에 공유했다. 위로의 말이 곧바로 날아왔다. "2022년 새해에 역방향으로 젊어지시려나 봐요." 사랑스러운 댓글에 피식 웃으며 그렇다면 끝까지 역방향을 받아들여야 하나, 잠시 고민하다 이내 살길을 찾아 나섰다. 출발 후 20분이 지나도록 16호실에는 단 세 명만이 앉아 있었다. 비어 있는 순방향 좌석이 많았다. 혹시 모를 상황을 대비해 승차권 예매 창에 접속해 중간에 탑승하는지 여부도 치밀하게 확인한 뒤 자리를 옮겼다.

마음의 안정이 절로 찾아오는 순방향 좌석에 앉아서 졸다 보니 어느새 동대구역이었다. 기차 환승은 처음이었지만 지하철과 다르지 않은 방식에 별 어려움 없이 ITX 기차로 갈아탔다. ITX-새마을호는 쾌적함의 끝이었던 KTX와는 매우 비교되는 고전미를 선사했다. 삐걱거리는 붉은색 의자로 채워진 정겨운 기차는 20분 만에 청도역에 도착했다.

첫 번째 행선지로 골라 둔 〈원리73〉 카페를 향해 걷기 시작했다. 그러나 200m도 못 벗어나서 멈춰 섰다. 아침부터 심상치 않았던 발목 통증이 점점 더 선명해져, 카페까지 도저히 걸어갈 수 없을 것 같았다. 이 통증을 무시하고 50분을 걸어갔다가는 여행 내내 고생하겠다는 확신이 들었다. 다시 청도역 앞으로 돌아와, 역 맞은편 건물 2층에 자리한 작은 카페 〈오하이오〉에 들어갔다.

강가가 보이는 탁 트인 전경의 카페는 아니어도 아기자기 감성 돋는 카페에서 아이스 아메리카노를 마실 계획이었다. 멀미로 지친 내 몸을 달래 주자. 친절한 사장님의 다정한 기운도 포근했다. 하지만 왜 불길한 예감은 '또' 틀리지 않는 것인지. 카페로 올라가는 계단에서 보았던 공사 현장은, 멀미를 2000% 더 심하게 만들어 주는 지독한 페인트 냄새를 발산하고 있었다. "죄송해서 어떡하죠? 하필 오늘 바로 아래층에서 페인트칠하고 있어서. 페인트 냄새가 너무 심하게 올라오죠? 창문을 다 닫아 놓아도 어쩔 수가 없네요."

어찌할 수 없는 불운을 쫓아주는 건

사장님이 사과할 일이 아니었다. 나의 불운일 뿐이었다. 카페에 앉아있을수록 메슥거림과 두통이 심해졌다. 그렇다고 밖으로 나가자니 당장 갈 만한 곳도 마땅치 않았다. 눈앞에 가득한 커피를 어찌할 수도 없고. 이러지도, 저러지도 못하고 있는 나를 내 손가락이 구해주었다. 하필, 그 순간 나는 한 번도 이용해 본 적 없는 카카오 택시가 생각났다. 걸어서 갈 계획이었던 카페까지 택시를 타고 가면 몇 분이나 걸리는지, 여기서 택시를 호출할 수는 있는지. 일단 여기서 내가 선택할 수 있는 옵션이 무엇인지 상황 파악을 해보자는 마음으로 앱을 다운받았다. 멋도 모르고 행선지를 입력한 뒤 '호출'을 눌렀다. 호출 버튼은 눈을 깜박일 틈도 없이 바로 응답했다. "5분 뒤 청도역 앞으로 기사님께서 도착하십니다."

'뭐?! 지금 당장 기사님이 오신다고? 호출을 누르면 택시가 바로 오는 서였던 말이야?' 자지러질 듯 놀라 벌떡 일어났다. 테이블 위에 펼쳐 놓았던 노트북부터 정리하기 시작했다. 가방을 다 챙기기도 전에 청도역에 도착했다는 택시 기사님의 전화가 걸려 왔다. "네네, 지금 가고 있어요. 잠시만요." 대답하며 정신없이 외투를 입었다. 지퍼도 못 잠근 가방을 둘러메고 나오면서 절반도 넘게 남은 커피는 카운터에 반납했다.

와다다 계단을 뛰어 내려와 도로에 정차 중인 택시에 올라탔다. 그리고 순식간에 〈원리73〉 카페 앞에 도착했다. 하트 모양의 초록색 리스가 귀여운 인사를 건넸다. 컨테이너처럼 생긴 외부와 달리 내부로 들어서자, 커다란 통창에 강과 산이 가득했다. 시야와 마음이 모두 시원하게 탁 트였다. 산미가 도는 커피 한 잔을 시키고 앉아 창밖 풍경을 바라보고 있으니, 질문이 날아왔다. 내가 만약 카카오택시를 이용해 본 경험이 있었다면, 나는 지금 여기에 올 수 있었을까?

대답은 '아니요!', 너무도 확실했다. 나는 결코 택시를 타고 다른 카페로 가겠다는 결정을 못 했을 것이다. 주문한 커피를 다 못 마신 게 아까워서, 방금 들어온 카페에서 바로 나가는 게 민망해서, 어떤 게 더 나은 선택인지 결정하기 어려워서. 최소 1시간은 극심한 두통에 괴로워하면서도 무엇이 더 합리적이고 올바른 선택인지 고민했을 나를 구해준 건 아이러니하게도 나의 실수, 무경험에서 나온 충동적 행동이었다. 매사 꼼꼼하고 철저하게, 가장 바른 선택을 하려고 노력하는 나는, 나를 여기로 데려오지 못했을 것이다. 때로는 이렇게 허술하게, 뭘 몰라서 저지른 실수가 나를 더 넓은 세상으로 데려다 줄 수도 있는 것이었다.

노트북을 펼쳐 마무리 중인 원고를 열었다 닫았다. 지금 여기서 해야 할 일은 '일'이 아니라는 생각이 맴돌았다. 카운터로 걸어가, 담백하고 쫀득한 맛이 일품인 소금빵에 잠봉햄과 삶은 달걀, 치즈를 얇게 슬라이스한 오이와 신선한 샐러드를 곁들여 먹는 브런치 A타입을 주문했다. 브런치 A타입은 화려한 자태에 감탄하게 만드는 타입이자, 비주얼만큼이나 훌륭한 맛에 또 한 번 감탄을 거듭하게 만드는 타입. '나를 여기로 데려다준 내 실수에 감사할지어다!' 절로 찬양하게 만드는 타입이었다.

늘 걷던 길이 아닌 곳을 걸을 때

치즈 가루 하나 남김없이 그릇을 비우자, 슬슬 다시 멀미 후유증이 올라왔다. 일단 밖으로 나가 바람을 쐬는 게 상책이었다. 인도가 따로 없는 한적한 차도에 섰다. 앞뒤에서 언제 나타날지 모르는 자동차의 엔진 소리, 어쩌다 한 번 불쑥 등장하는 낯선 사람의 인기척에 귀 기울일 수 있는 '맨 귀' 옵션으로 걷기 시작했다. 안전을 위해 선택한 '이어폰 없이' 걷기는 상당히 낯설었다. 평소에도 하루에 꼭 한 번 1시간 이상 걸었다. 늘 이어폰을 낀 채였다. 길을 걷는 시간도 최대한 효율적으로, 낭비 없이 활용해야 한다며 뉴스나 팟캐스트를 챙겨 들었다. 이어폰 없는 귀가 허전하고 생경한 길. 늘 반복하던 당연함에서 벗어난 길은 어색했다.

"말해야 하는데~ 네~ 앞에 서면~~ 아무 말 못 하는 내가 미워져~ 용기를 내야 해. 후회하지 않게. 조금씩, 너에게, 다가가, 날 고백해야 해~~"

어색함 때문이었을까? 마지막으로 노래방을 간 게 언제인지도 기억이 안 나는데, 입 밖으로 노래가 터져 나왔다. 부르고 또 부른 단 하나의 곡명은 박혜경의 '고백'. 흥얼흥얼하다가 나중에는 열창이 되었다. 절로 열이 올라 롱패딩도 벗어 던졌다. 귀에 들리는 소리 대신 입으로 소리를 질러 보는 길, 새로운 즐거움을 맛보는 길. 이어폰 없이 걷는 길은 반강제로 쉼표를 찍는 길이었다. 아무도 없는 시골길을 노래방 삼아 1시간을 걸어 청도 시내 한복판에 다다랐다. 꽤 커다란 규모의 도서관이 서 있었다.

얼핏 보아도 번쩍번쩍한 신축 건물이었다. 코로나19로 폐쇄된 도로변 출입구 반대편의 문을 찾아 들어가자, 경상북도교육청의 로비가 나타났다. 2층 높이까지 탁 트인 층고가 웅장했다. 2층 종합자료실에 들어갔다. 넓은 공간은 아니지만 서가 한가운데가 3층 높이까지 뻥 뚫려 있어 답답한 느낌 없이 시원하고 멋스러웠다. 청도도서관이 선정한 1월의 테마 도서 목록과 사서 추천 목록을 구경하고 나자, 내 뒤에 있는 도서 검색대가 속삭였다. "나 여기 있어. 얼른 이리 와서 입력해 봐. 만나보고 싶지? 사실 엄청 궁금하잖아~"

누가 볼세라 조심스레 열두 글자를 입력했다. 검색 결과는 올레! 청구기호 '818 김슬기 ㅇ'을 찾아 재빠르게 818 서가로 가,《아이가 잠들면 서재로 숨었다》와 감격의 상봉을 했다. '아이고, 내 새끼. 네가 여기도 있었구나. 장해, 기특해, 반가워, 우리가 이렇게 만나는구나~!"(민망하고 부끄러워 둘째, 셋째는 차마 검색해 보지 못했다)

이 여행의 기념 선물로 간직하고 싶어 책 사진을 찍고, 도서 검색대가 인쇄해 준 검색 결과지까지 소중히 챙겨 밖으로 나왔다. 하늘에 쨍, 나 혼자 여행의 든든한 길동무가 또 찾아왔다. 태어나 처음 와보는 낯선 동네, 30분을 걸어도 한 사람을 만날까 말까 한 한적한 길가. 내 머리맡에서 동행해 주는 당신이 없다면 내가 어떻게 이 길을 걸어갈 수 있겠소! 걷기 친구를 향한 뜨거운 사랑을 고백하며 다시 걸었다. 〈원리73〉 카페를 출발한 지 어느새 1시간 30분이 넘어서고 있었다.

주저앉고 싶은 그 순간

손에 들린 롱패딩은 물에 젖은 보따리가 따로 없었다. 등에 멘 가방은 당장이라도 벗어 버리고 싶었다. 스마트폰이 알려주는 목적지까지 남은 거리를 1분마다 새로고침하며 겨우 걸었다. 설상가상 '이제 정말 더는 못 걷겠다.' 주저앉고 싶을 때, 오르막이 나타났다. '설마 저 오르막까지 올라가야 한다고요?'

누가 시켜서 걸어온 것도 아니지만 무려 2시간에 다다른 걷기에 지쳐 누구라도 원망하고 싶어졌다. 일단 주저앉아 쉬고만 싶었다. 당장이라도 옷과 가방을 내던지고 엉덩이를 땅에 붙일 기세인 나를 달래 준 건, 오르막이 시작되는 지점에 자리를 잡고 있었던 이번 여행의 목적지, 〈오마이북〉 서점이었다. 오르막을 오르지 않아도 된다는 사실만으로 날아갈 듯 기분이 좋아진 나는 제법 규모가 있는 모던한 단독 건물에 감탄하며 책방으로 들어갔다.

일요일 오후 4시, 서점 안은 차를 마시며 책을 보는 사람들로 가득 차 있었다. 〈오마이북〉의 객실은 마치 비밀 통로 같은 '관계자 외 출입 금지' 구역에 숨겨진 계단의 중간지점인 2층에 있었다(계단 끝 3층은 책방지기님의 거주지로 북 스테이 책방을 함께 운영하는 주인장 부부와 아이들이 살고 있다). 2층은 최소한의 가구로 깨끗하게 꾸려진 서쪽과 남쪽 객실 두 개, 공용 화장실, 탕비실이 있었다.

방에 벌러덩 누웠다. 아담한 공간이 주는 포근함을 만끽했다. 가구라고는 작은 좌식 책상과 옷걸이가 전부인 방의 간소함이 안정감을 선사해 주었다. 기대 이상으로 편안했던 삼각 등받이 쿠션에 기대앉아 한숨을 돌리며 다음 일정을 계획했다. 빈자리 없이 붐비는 서점은 주말 손님들이 빠져나간 뒤 한적해진 시간대에 즐기기로 하고, 일단 서점 근처에 있는 청도읍성과 향교를 구경한 뒤 저녁을 먹자!

1월의 밤에 읽기 좋은 책은

밤의 서점은 한적했다. 고요한 책방 곳곳을 누비며 찬찬히 서가를 탐식했다. 서점은 생각보다 규모가 컸다. 특정 분야의 책을 전문으로 다루는 작은 책방의 특색 있는 큐레이션 서가를 제공하면서도 다

청도 〈오마이북〉

양한 분야의 책을 고루 갖추었다. 책방을 몇 바퀴나 돌아본 뒤, 북 스테이 숙박객에게 제공하는 10% 할인 혜택을 받아 로버트 판타노의 《다만 죽음을 곁에 두고》를 구입했다. 〈오마이북〉에서 처음 본 이 책은 서른다섯 살의 소설가가 남긴 생의 마지막 기록이었다.

여행지에 와서 고르고 고른 책이 왜 하필 악성 뇌종양을 선고받은 젊은 작가의 에세이였을까. 처음에는 나조차 의아했다. 책방 문을 닫는 9시까지는 책방에서, 이후에는 남쪽 방에 들어와 다 읽고 나니 번뜩 생각이 났다. 작년에도, 재작년에도. 이맘때의 나는 죽음을 다룬 책을 읽고 있었다. 누군가에게는 기이하게 여겨질 수도 있겠으나, 내게 1월은 죽음을 마주하기 좋은 달이었다. 모든 잎이 다 떨어지는 겨울의 한복판이면서도 새로운 한 해가 시작되는 1월은 뭐랄까, 죽음과 삶이 제일 또렷하게 공존하는 시간이었다.

앙상한 가지가 만들어 내는 황량한 풍경은 죽음의 냄새를 진하게 풍기지만 그 안에는 언제나 새봄의 움틈이 존재했다. 매년 1월 나는 지나간 한 해와의 지혜로운 결별이자 새로운 한 해와의 열정적인 만남을 꿈꾸며 죽음을 끌어안았다. 죽음과 분리할 수 없는 내 삶을 위한 선택이자, 더 찬란하고 후회 없는 올해를 위한 의식이었다. 30년 이상 죽음을 연구해 온 엘리자베스 퀴블러 로스의 《죽음과 죽어감》, 《죽음과 죽어감에 답하다》와 같은 죽음학 연구의 고전은 물론, 철학자 김진영이 임종 3일 전 섬망이 오기 직전까지 남긴 《아침의 피아노》나 서른여섯 전문의를 앞둔 신경외과 레지던트가 폐암 말기 판정을 받고 기록한 《숨결이 바람 될 때》와 같이 죽음을 앞둔 이들이 남긴 에세이도 읽었다.

1년 전에는 다발성 전이의 끔찍한 통증 앞에서도 누군가에게 한 줄기 빛이 되기를 바라는 마음으로 썼다는 신민경 작가의 《새벽 4시, 살고 싶은 시간》을 만났다. 그가 내게 물었다. "오늘 당장 당신이 죽는다면 무얼 후회할 것 같나요? 원고를 못 쓴 걸 후회할까요? 내가 왜 책 한 권을 더 쓰지 못하고 죽어야 할까, 그게 아쉬울 것 같나요? 지금 당신에게 꼭 필요한 게 무엇인가요? 당신은 지금 무얼 하고 싶나요?"

《새벽 4시, 살고 싶은 시간》의 마지막 페이지를 덮으며 나를 '맘껏 사랑하고' 싶어졌다. 그래서 피아노를 시작했다. 해야 할 일에 밀려 '지금'이 될 수 없었던 피아노는 작가님의 바람처럼 내 하루의 유머이자 바람이 되었다. 피아노 앞에 앉아 건반을 누를 때마다 불어오는 선율은 코로나 시대의 답답함과 지지부진했던 원고 쓰기의 절망에서 나를 구원해 주었다. 2021년은 내게 '피아노를 하지 않았으면 어쩔 뻔했을까'의 해로 기록되었다. 그리고 다시 1월, 2022년에 마주한 죽음이 내게 물었다.

우리의 삶이 언젠가는 끝나리라는 것을 알지만 언제일지는 모를 때, 왜 우리는 하고 싶은 일과 하고 싶은 말을 미루게 되는 걸까?
다만 우리는 작은 선택권을 갖고 있을 가능성은 있다. 내가 어떻게 태어났건 지금의 나에게 걸맞은, 나와 조화를 이루는 선택을 하면서 살아갈 수는 있다. 어쩌면 우리에게 중요한 건 그뿐일지도 모른다.

—로버트 판타노, 《다만 죽음을 곁에 두고 씁니다》 중에서

지난달 〈실레책방〉에서 내 가슴 속에 날아들었던 한 마디, '한 번에 하나씩'이라는 목소리를 함께 안고 몸을 돌려 누웠다. 온돌방의 잠자리는 왠지 더 안정적이었다. 새하얀 침구의 사각거림이 마음에 쏙 들었다. 자정이 넘은 시각 불을 끈 남쪽 방의 고요한 적막 속에서 스르르, 지금의 내 손에 있는 '작은 선택권', 올해 하고 싶은 일 하나를 고민하다 잠이 들었다. 다음 날 아침 8시가 되어서야 블라인드도 막지 못하는 아침햇살에 부스스 눈을 뜨고 일어나 느긋하게 책방으로 내려갔다.

경험해 봐야 알 수 있는 일

아침의 책방에는 부드러운 치아바타와 신선한 샐러드, 따뜻한 스튜에 과일까지 푸짐한 조식이 나를 기다리고 있었다. 이보다 좋을 수 없는 아침을 먹고 2층 카페로 올라갔다. 어제 오후 사람들로 가득 차 있던 공간에 아침 햇살만이 가득했다. 창가 옆 테이블에 앉아 커피를 마셨다. 그 순간을 카메라로 촬영하는 순간, 한 장의 사진이 날아

왔다. 같은 시간, 다른 장소에서 즐기는 커피 사진이었다. 여행 중인 나 대신 아이를 돌봄 기관에 보내고 집으로 돌아오는 길에 사 왔다는, 남편의 아이스 바닐라 라떼 사진이었다.

"오오, 커피 타임 좋네! 좋아~ 오늘 푹 쉬어." 내가 없다는 핑계로 하루 쉬어 가겠다며 휴가를 쓴 그에게 묘한 인사를 건넸다. 그리고 그 하루가 채 지나기도 전에 그는 중요한 진실을 깨달았다. "뭐 할 시간도 없었어! 누워서 좀 쉬어 볼까 하면 데리러 갈 시간이고, 밥 차려 먹일 시간이고, 또 데리러 갈 시간이고, 또 밥시간이고!!!" 그렇게 그가 직접 경험해 보기 전까지는 알 수 없는 미스터리를 몸소 체험하고 있는 사이, 나는 5.6km를 걸어 2천 평 규모를 자랑하는 청도의 유명 카페 〈버던트〉로 이동했다.

많고 많은 카페 중에서도 굳이 〈버던트〉까지 1시간 25분을 걸어가겠다고 결심한 이유는 오직 하나, 매일 산지에서 공수한 신선한 야채들과 숲속의 버터를 넣어 만든다는 샌드위치! 압도적인 단면을 자랑하는 아보카도 샌드위치를 맛보지 않고서는 도저히 청도를 떠날 수 없겠다는 빵순이의 집념이었다. 걸은 지 1시간이 지난 시점부터 가방 속에 있는 잠옷이라도 꺼내 버리면 어떨지 고민할 정도였다. 한쪽 팔 정도의 폭이었지만, 걷는 자에게 인도가 있고 없고는 어마어마한 차이였다. 내가 걸었던 경로는 대부분이 독립된 자전거 도로라서 안전했다. 송골송골 땀이 맺혀 패딩을 벗어들고 포근한 청도의 한낮을 가로질렀다. 〈버던트〉의 '초록 샌드위치'로 말하자면, 오직 이 순간만을 위해 걸어온 1시간 26분이 아깝지 않은 맛이었다.

눈을 돌릴 때마다 커다란 식물이 보이는 카페에서 쓰는 글도 맛있었다. 맥북을 펼쳐 글을 쓰는 시간을 최대한 더 누리고 싶어졌다. 카페에서 느긋하게 1시간 30분을 더 머문 뒤 앱을 실행했다. 아무도 모르게 '나 콜택시 불러본 여자야!' 으쓱거리며 조금 더 자신 있게 '호출' 버튼을 눌렀다. 하지만 5분도 지나지 않아 배차와 도착까지 마무리되는 신속함은 두 번째에도 당황스러웠다. 기사님의 전화를 받으며 허둥지둥, 나는 또 정신없이 가방을 챙겨 나와 택시에 올라탔다.

나의 작은 선택권

버던트 카페에서 청도역으로 이동하는 9.4km는 전날 내가 걸었던 경로와 일치했다. 30분 전 미리 멀미약을 먹어 두었는데도 메슥거려 창문을 열었다. 바깥 풍경이 익숙했다. 고작 단 한 번, 어제 처음 걸어본 길인데도 그 길을 차 안에서 되짚어 보는 경험은 특별했다. 내가 어제 이 길을 걷지 않았다면, 오늘 이토록 깊고 진한 반가움을 느끼며 바라볼 수 있었을까? 딱 하루, 만 24시간밖에 되지 않는 여행만으로도 이 도시를 이렇게 진하게 만날 수 있었을까?

'극심한 멀미'를 극복할 수 없는 나의 한계로 오랜 시간 규정해 왔다. 택시 안에서 멀미하는 내 몸이 나에게 속삭였다. 멀미 덕분에 네가 걸어온 길을 보라고, 그 걷기 덕분에 얻은 이 반가움을 보라고. 너의 세계는 더 넓어질 수 있다고, 너에게 불가능한 것은 없다고. 마구 솟구치는 자신감을 장착하고 청도역 앞에서 내린 나는, 역사가 아닌 반대편의 강변으로 갔다. 기차 시간까지 남은 30여 분을 아낌없이 누리고 싶었다. 강변을 따라 조성된 데크길을 걸으며 스산한 겨울의 흐린 오후를 가슴에 담고 있을 때, 지르르, 스마트폰이 울렸다.

'기차 출발 15분 전입니다. [무궁화호 1220] 3번 탑승장에서 승차해 주세요.' 역방향으로 시작한 나의 허술함은 마지막까지 일관성 있게 이어졌다. 기차 예약 시간을 알려준 스마트폰 알림이 아니었다면, 출발 시간을 착각한 채 여유를 부리다 기차를 놓칠 뻔했다. 꽤 멀리 걸어온 길을 마구 달려 간신히 무궁화호 1220호에 탑승했다. 전날과 마찬가지로 다시 금방 KTX로 갈아탔다. 서울로 데려다 줄 자리에 앉아 열혈 검색을 시작했다. 성인 방문 미술, 취미 미술 방문 수업, 노원 성인 방문 미술 수업. 어젯밤 만난 책이 나에게 던진 질문의 답이 '그림 그리기'라는 걸, 청도역으로 오는 무궁화호의 차창 밖을 멍하니 바라보다 알았기 때문이다.

올해 딱 하나 나를 위해 하고 싶은 일은 내 안의 오랜 욕망, '그림'이었다. 4년 전 취미 미술학원에 다니기도 했지만, 모든 에너지가 고갈된 저녁 시간에 학원으로 가서 그림을 그리는 게 쉽지 않았다. 석 달도 못 채우고 학원을 그만뒀다. 이전의 실패를 거름 삼아 이번에는 집 밖을 나가지 않고도 그림을 그릴 수 있는 방법을 찾고 싶었다.

청도 〈오마이북〉

딱히 할 일이 없는 기차 위에서의 검색은 엄청난 집중력을 발휘했다. 학원비 정도의 금액으로 일주일에 한 번, 2시간씩 일대일 방문 수업을 받을 수 있는 선생님과 연결됐다. 내친김에 바로 다음 주에 시범 수업을 받기로 하고 서울역에서 내려 집으로 가는 지하철을 탔다. 청도에 다녀온 1박 2일의 시간이 벌써 아득한 꿈처럼 느껴졌다.

> 내 생각에는 사람들은 어릴 적에 원했던 것들을 결코 잊지 못해. (중략) 내가 말하고 싶었던 것은 우리가 어른이 되어서도 어릴 적 품었던 이런저런 소망의 실현을 실현―에에, 아니 지금 말이 엉켜버렸네, 아무튼 여러 가지 소망을 실현시키는 것을 멈추지 못한다는 거야.
> ―빌헬름 게나치노,《이날을 위한 우산》중에서

역방향으로 시작한 1월 여행은 어릴 적 소망을 찾아오는 여정이었던 걸까? 피아노는 형편이 어려운 걸 뻔히 알면서도 엄마한테 처음으로 사달라고 했던 물건이었다. 미술 수업은 내가 부탁해서 받은 첫 사교육이었다. 작년에 시작한 피아노를 떠올리며 다시 그림 수업을 받아보겠다는 계획을 안고 돌아올 거라고, 어제 여행을 나설 때의 나는 조금도 상상할 수 없었다. 역방향으로 예매를 해놓고도 기차가 움직이기 전까지는 결코 알 수 없었던 나처럼 그 시간이 되어서야 알 수 있는 것들은 얼마나 무수할까?

늦은 밤에야 집에 도착했지만 피곤함보다 들뜨는 설렘으로 눈을 감았다. 지나간 오늘과는 결별하고 이제는 내일을 위한 죽음과 소생할 시간. 이 밤이 지나고 나면 찾아올 내일을 그리며 잠이 들었다. 오늘의 내가 알 수 없는 다음 달, 또 다음 여행을 기대하면서.

방문 당시 확장 공사 중이었던 <오마이북>은 내가 여행을 다
녀온 이후 시즌2로 새 단장을 했다. 새로운 <오마이북> 시즌
2는 서점과 카페, 게스트하우스가 함께 있는 기존의 <오마
이북>에 브런치와 양식을 판매하는 <오마이쿡>과 중고 책
방 <오마이아지트>, 독채 북
스테이 <스테이온페이지>
를 더했다.

<오마이북>의 게스트하우스는 1인 또는 2인이 머물 수 있
는 공간으로(화장실 및 샤워실은 공용), 실내 계단을 통해 서점
으로 바로 내려갈 수 있고, 오마이북 서점/카페에서는 스페
셜 원두로 만든 커피를 마시며 다양한 분야의 도서와 신간
을 구입할 수 있다.

새로 생긴 <오마이쿡>은 오전 9시~10시 사이에는 스테이
손님의 조식이 서비스되고, 오전 10시부터 21시까지 영업
한다. (15시-17시는 브레이크 타임) 스테이크와 파스타를 전문
으로 하는 뷰 맛집으로 통창으로 멋진 풍경을 즐기며 브런
치와 양식을 즐길 수 있다. 특별한 날 단체 모임도 가능하다.

오마이북

독채 북 스테이 <스테이온페이지>는 각 방의 컨셉에 맞게 큐레이션 한 책이 있는 북 스테이로 문학동네 시인선 84권이 전시된 page26 (2인 전용룸), 사랑과 우정에 관한 40여 권의 책이 전시되어 있는 page452(최대 3인 숙박 가능), 쉼을 주제로 한 40여 권이 전시된 page8(최대 3인 숙박 가능), 삶에 관한 책이 있는 page127(2인 전용룸) 총 4개의 공간이 각기 다른 컬러로 꾸며져 있다. 단, 실내 공간의 단차가 심해 숙박 가능 연령을 만 12세 이상으로 제한하고 있다.

세 번째 여행

서울

〈더 글라스 하우스〉

서울 〈더글라스 하우스〉

10년 뒤, 나는 소설을 쓰고 있을 거야

소소하게 지속해 온 내 쓰기의 역사를 담은 책 출간을 앞두고 1월이 정신없이 흘러갔다. 처음도, 두 번째도, 세 번째도 아니건만. 네 번째라고 쉬워지는 구석은 조금도 없는 책 작업에 잔뜩 날이 섰다. 몰려오는 긴장과 불안에 사로잡힌 나를 위로한 건 청도에 다녀온 다음 주부터 시작한 미술 수업이었다. 목요일 저녁 7시 30분부터 9시 30분까지, 우리 집 서재에서 선생님과 마주 앉아 그림을 그렸다.

하필 선생님과 맞는 스케줄이 아이들과 그림책 모임을 하고 오는 날이라 체력과 집중력이 걱정됐지만 그림을 그리는 시간은 밖으로 날아간 에너지를 다시 안으로 채워오는 시간이었다. 가장 간단한 형태의 푸딩을 그리며 그 순간에 집중했다. 연필과 펜으로 꽃을 그리며 복잡한 감정에서 벗어났다. 그렇게 한 장, 또 한 장. 내가 그린 그림이 네 장이 되었을 때, 나의 네 번째 책이 세상에 나왔다. 1년간의 지난한 원고 작업을 하느라 애쓴 나를 위해 호캉스 겸 북캉스를 선물했다. 무려 워커힐 호텔의 〈더글라스 하우스〉였다.

17km라고 얕보지 말라

노원구에 있는 우리 집에서 광진구의 워커힐 〈더글라스 하우스〉까지 이동 거리는 고작 17km. 환승과 도보를 더 해도 1시간 21분이면 충분했다. KTX도, 경춘선도 아니고 그저 지하철만 타면 갈 수 있는 곳. 여행 당일 아침까지도 한없이 느긋했다. 행여 기차 시간을 놓칠세라 긴장할 필요도 없었다. 출발 시각은 오전 10시, 미리 봐 둔 뷰가 밋진 기페에서 두어 시간 커피를 마시며 글을 쓰고 점심을 먹은 뒤, 아차산 둘레길을 걸어 입실하겠다는 헐렁한 계획으로 지하철을 탔다.

열세 정거장을 이동해서 아차산역에 내리자마자 카오스가 펼쳐졌다. 326km 떨어진 청도에서도 헤맨 적 없었던 길 찾기 난이도가 난데 없이 상승했다. 아차산역 5번 출구 근처에서만 10분 넘게 맴돌았다. 내가 가야 할 골목이 도대체 보이지 않았다. 10분이면 갈 수 있다던 카페에 30분이 넘어서야 간신히 도착했다. 그러나 나를 맞이한 건, 죄송하다는 인사와 함께 적힌 '영업 중단' 안내문이었다. 통창으로 어린이대공원을 볼 수 있다는 뷰맛집 카페는 그렇게 떠나갔다.

급한 대로 주변 카페를 검색하며 다시 역 근처로 걸어가 봤지만, 코로나19 확산세에 따른 거리 두기 조치 때문인지 문을 닫은 곳이 많았다. 그렇다고 우리 동네에서도 갈 수 있는 프랜차이즈 카페는 들어가고 싶지 않고. 일요일 오전임에도 스산하기 짝이 없는 10차선의 도로 한복판에 서서 갈팡질팡, 갈 곳을 잃고 헤매다 다시 지하철을 선택했다. 아차산 둘레길이고 뭐고 더 걷고 싶지도 않고, 딱히 들어가서 쉬어 갈 카페도 없으니 워커힐 호텔에서 더 가까운 광나루역으로 이동하자는 계산이었다.

같은 서울 하늘 아래, 지하철만 타면 갈 수 있는 곳이라고 자신만만했던 탓일까? 제아무리 가까운 곳이라도 처음 와 본 동네는 낯설 수밖에 없고, 30년 서울살이의 이력이 무색하게 광진구의 길 위에서 나는 다시 쭈뼛했다. 들어가 보고 싶은 카페는 안 보이고, 광나루역 카페를 열심히 검색해 봐도 급한 마음 때문인지 '이거다!' 싶은 결과가 없었다. 모르겠다. 아차산로를 따라 워커힐을 향해 무작정 걷기 시작했다. 광나루역에서 워커힐까지 1.4km의 구간은 대부분 오르막이었다. 다시 패딩을 벗었다. 나 홀로 여행에 패딩은 인연이 없나 보다. '이럴 줄 알았으면 짧은 패딩을 입고 올 걸…' 이제는 소용도 없는 후회를 하며 아무도 없는 길을 오르고 또 올랐다.

서울 〈더글라스 하우스〉

워커힐 호텔에서 내려오는 편도 1차선의 도로 옆으로 난 좁은 인도에 다다르자, 오른쪽으로 탁 트인 전경이 펼쳐졌다. 어느새 아차산 언저리에 서 있게 된 내 두 발아래로 기다란 강변북로가 장난감 레일처럼 깔려 있었다. 그 옆에서 반짝이는 한강 수면에 탄식이 흘러나왔다. '와아! 낮에도 별이 있네! 한강 위에서 빛나는 은하수라니.' 한강이 보이는 집이 비싼 이유를 그제야 실감하며 넋을 잃고 바라봤다. 오르막길을 오르느라 후끈해진 몸에 시원한 겨울바람이 불어왔다. 패딩을 벗어 손에 든 몸에는 서늘하도록 시원한 바람이, 머리 위에는 따뜻한 햇빛이, 눈앞에는 아른아른 빛 나는 물 위의 별들이. 가만히 서 있는 내 곁으로 쏟아지는 아름다움을 흠뻑 마시며 호텔 앞으로 갔다.

고작 커피 한 잔의 어려움과 행복이란

어떤 문을 열고 들어가야 하는지 몰라 기다란 건물 앞을 서성이다가 문 하나를 골라 열어젖혔다. 걸어오는 내내 마주치는 사람이 없어 황량하기까지 했던 거리와는 너무도 다른 풍경이 나타났다. 고급스러움이 뚝뚝 떨어지는 로비와, 그 로비를 가득 채우고 있는 사람들. 삼삼오오 일행들과 자리에 앉아서, 혹은 서서 이야기를 나누는 왁자지껄한 무리에 들어간 내가 이방인처럼 느껴졌다. 한껏 작아지고 위축됐다. 누군가 갑자기 내 앞으로 다가와 "혼자 오셨어요?", "여기 처음이죠?" 할 것만 같은 기분이었다. 한 번도 와 본 적이 없는 호텔에 그 어떤 동행도 없이 혼자 왔다는 사실에 생각보다 높은 위화감이 일었다. 설상가상 호텔 로비에 있는 카페 〈더파빌리온〉에는 내가 앉을 빈 좌석도 없었다. 아니 서울 시내에서 마음에 드는 카페에 들어가 커피 한 잔 마시는 일이 이렇게도 어려울 일입니까!

땀 흘리며 걸어 올라왔던 길을 다시 터덜터덜 내려갔다. 올라올 때는 참 길게도 느껴졌던 길이 내려갈 때는 순식간이었다. 금방 도착한 역 부근에서 발견한 베이커리 카페에 반쯤은 자포자기한 심정으로 들어갔다. 새하얀 외관의 〈테이블스〉는 생각보다 넓고 깔끔했다. 매일 새벽, 전문 제빵사들이 반죽부터 성형까지의 전 과정을 하나하나 정성 들여 구워낸다는 빵으로 가득했다. 예상치 못했던 '카페 찾아 삼만리'에 지친 내 몸이 바라는 건 그저 시원한 커피였다. 늘 마시는 아이스 아메리카노와 이 카페의 시그니처 메뉴라는 아인슈페너 사이에서 한참을 고민하다, 이곳에서만 즐길 수 있는 특별함을 선택했다.

〈테이블스〉 아인슈페너는 정말 '특별'했다. 특별한 레시피로 직접 만들었다는 수제 크림의 달콤함과, 보들보들한 크림 위에 콕콕 올라간 레몬의 상큼함까지. 잔은 3분 만에 바닥을 드러냈다. 얼음 위에 남은 크림이라도 더 맛보고 싶어 빨대를 콕콕 찍어댔다. 여기 앉아 이 커피를 마시기까지 걸렸던 모든 시간과 방황이 사르르 녹는 기분

서울 〈더글라스 하우스〉

이었다. 아이스 아메리카노 한 잔을 더 시키고 노트북을 펼쳤다. 아아 한 모금을 마시고 아인슈페너의 남은 크림을 콕 찍어 맛본 뒤 자판을 두드렸다. 행복이 퐁퐁 올라왔다. 365일 왕성하지 않은 날이 없던 식욕조차 못 느끼고 계속 머물렀다. 한참 글을 쓰다 3시가 훌쩍 넘어 카페를 나왔다. 거금 22만 원을 투자한 호텔의 입실 시간이 이미 지났다는 사실에 속도가 붙었다. 이제 호텔로 들어가 진정한 '방콕'을 즐길 시간. 다시 한번 워커힐 호텔로 가는 길을 올랐다.

도심 속의 숲속 아지트

너무 넓고 높아 차갑게 느껴지는 워커힐 서울 건물과 달리, 낮고 아담한 〈더글라스 하우스〉의 로비는 한결 부드럽고 편안했다. 데스크 앞의 대기 의자에 앉자, 은은하게 일렁이는 난로의 불길이 눈에 들어왔다. 난로 바로 뒤편의 통창에 산과 나무, 하늘과 구름이 어우러진 전경이 가득 차 있었다. 의자에 앉아있는 내 발밑에는 대리석이 아닌 나무 바닥이 깔려 있었다. 옹이와 나이테가 그대로 보이는 통나무 의자와 오래된 보물 지도가 들어있을 것만 같은 나무 상자, 거친 표면이 살아있는 돌 화분 위의 풀과 이끼들이 아기자기했다.

그리 넓지 않은 공간에 꽤 많은 사람이 복작복작 대기 중이었고, 동행이 없는 사람은 나뿐인 것 같았지만, '나를 위한 휴식처'를 테마로 한 〈더글라스 하우스〉의 자연 친화적인 인테리어는 전혀 다른 분위기를 만들어 냈다. 워커힐 서울 로비에서 강하게 몰려왔던 위축감이 들지 않았다. 나무로 만들어진 호텔 키를 받아 들고 방으로 들어오며 위대한 자연의 힘을 실감했다. 자연 친화적인 인테리어만으로도 그 공간에 들어온 사람의 마음을 포근하게 만들어 주었다.

자꾸 만져보게 되는 나무 카드키로 문을 열었다. 오늘의 내 방, ROOM 2120은 '이곳이 진정한 숲속의 아지트구나' 싶어지는 공간이었다. 일반적인 호텔 객실의 카펫이 아닌 원목 마루도 좋은데, 가로로 누워서 자도 충분할 듯한 크기의 침대 헤드 쪽 메인 벽 전체가 나무로 장식돼 있었다. 벽과 바닥의 나무, 침대 헤드의 고동색이 방 전체를 따뜻하면서도 안정적으로 잡아주었다. 보기만 해도 사그락거리는 소리가 날 것만 같은 침구가 방 한가운데에서 새하얗게 빛났다. 침대 위에 가지런히 놓여 있는 진녹색 쿠션 두 개와 그 위에 걸려 있는 액자 속 몬스테라 그림은 테라스에서 보이는 나무들과 함께 어우러져 차분하고도 평화로운 초록색을 더해 주었다. 테라스 바로 옆에 놓인 패브릭 소파의 톤 다운된 오렌지빛이 부담스럽지 않으면서도 생기 넘치는 활력을 주었다.

'자연 그대로의 편안함을 고스란히 담고 있는 숲속의 별장에서 나를 돌아보는 사색과 재충전의 시간을 가져 보시라'는 호텔 측의 설명에 무엇 하나 반박할 수 없는 만족감이 밀려왔다. 방안 곳곳을 누비며 옷장과 냉장고, 화장실까지 문이란 문은 다 열어보고 감탄을 한

서울 〈더글라스 하우스〉

뒤, 볼수록 매력적인 나무 카드키를 들고 방을 나왔다. 서둘러 라운지로 향했다. 오후 4시 30분, 더글라스 라이트 스낵 시간이 끝나기 30분 전이었다.

반전의 라운지와 고요의 라이브러리

한 끼만 굶어도 세상이 무너지는 듯한 충격을 받는 내가 오후 4시 반까지 제대로 된 음식을 먹지 않고도 멀쩡할 수 있었던 것은 아마도 더글라스 라운지를 향한 기대와 의지, 그러니까 20만 원이 넘는 숙박비를 지출한 만큼 거기서 제공하는 서비스를 최대한 누려 보겠다는 의욕이었으리라. 애석하게도, 라운지에 준비된 라이트 스낵은 나의 취향과 너무도 멀었다. 나는 빵이라면 자다가도 벌떡 일어나고, 과자를 사랑하는 간식파이지만 하필 고르고 골라 준비된 스낵 세 가지가 내가 좋아하지 않는 앙금과 초콜릿, 잼이 하나씩 들어간 찹쌀떡과 브라우니, 사과잼 쿠키였다.

실망하고 있을 수만은 없었다. 라이트 스낵보다 더 중요한 곳, '더글라스 라이브러리'로 이동했다. 이 호텔을 선택한 이유이자, 최인아 책방이 직접 큐레이션 한 서적을 만나볼 수 있는 공간이었다. 라운지가 있는 3층에서 라이브러리가 있는 1층으로 내려가자, 고요와 적막이 찾아왔다. 더글라스 라이브러리는 투숙객이라면 누구나 아침 7시부터 저녁 10시까지 자유롭게 이용할 수 있는데, 비어 있는 테이블이 거의 없었던 라운지와 달리 단 한 명도 이용자가 없었다.

도서관은 생각보다 훨씬 좁았지만, 커다란 통창으로 보이는 나무들이 가슴을 뻥 뚫어 주었다. 너무 밝지 않게 맞춰진 조도에 편안함을 느끼며 서재를 탐닉했다. 보유하고 있는 책의 권수와 서가의 규모는 아담했으나 '나 자신을 놓치지 않기', '읽고 쓰고 공부하며 재충전!', '이제 늙네.. 내려가는 길', '공동체의 역사와 도전, 그리고 모색' 등 흥미로우면서도 다채로운 주제로 큐레이션이 되어 있었다. 책꽂이 앞에 서서 책등 독서에 긴 시간을 들였다. 책꽂이에 꽂혀 있는 책의 제목과 저자, 부제를 읽는 책등 독서는 새로운 서점이나 도서관에 갈 때마다 놓치지 않는 최고의 즐거움이었다.

내가 지금 여행을 와있어서 였는지, 이달부터 한 달에 한 권씩 총 6개월에 걸쳐 정복하기로 한 미술사 시리즈 중 3권이 꽂혀 있었기 때문인지, '삶을 충만하게 하는 예술과 문화, 여행' 섹션이 눈길을 끌었다. 몇 년 전, 독서 모임에서 여름방학 특집으로 함께 읽은 뒤에도 여전히 우리 집 거실 책꽂이에서 가장 강렬하고도 확실한 인테리어 효과를 담당하는 688쪽의 벽돌 책《서양미술사》를 만나 무척 반가웠다. 사실, 놀라움을 감출 수가 없었다. 잠깐 쉬다 가는 여행지에서는 쉽게 펼쳐 보기 어려울 거라고 여겨지는 어마어마한 두께의 책들이 칸칸마다 다양했다.

《이탈리아 르네상스의 문화》,《영국에서 사흘 프랑스에서 나흘》,

《상상의 아테네, 베를린·도쿄·서울》등등 감히 펼쳐 볼 엄두조차 나지 않는 책들을 구경했다. 그 책을 꺼내 만지작거리며 제목을 읽는 것만으로도 이탈리아와 영국, 프랑스를 거쳐 상상 속 아테네는 물론 베를린과 도쿄를 지나 다시 여기 서울로 돌아온 듯한 기분에 젖어 들었다. 시공간의 한계를 뛰어넘는 예술 여행 뒤에는 청각 여행이 찾아왔다. 음악가들의 이야기를 담은 책을 구경하며 소리 없는 음악을 즐기기 시작했다. 1월부터 쇼팽의 녹턴 2번(Chopin' Nocturne Op.9, No.2)을 치기 시작한 나를 사로잡은 건 당연하게도《쇼팽, 그 삶과 음악》이었다. 정작 자리를 잡고 앉아 본격적으로 읽기 시작한 책은 음악 아닌 문학, 쇼팽이 아닌 복자의 삶이었지만 말이다.

'고고리 섬'에서 날아온 씨앗이

짧은 시간 너무 많은 나라를 누빈 탓이었는지 이보다 구수할 수 없는 '복자'가 눈에 들어왔다. 잠깐 읽던 쇼팽과 이별하고 김금희 작가의 장편소설《복자에게》를 빈백 소파에 반쯤 누워 마지막 페이지까지 단숨에 읽어버렸다. '고고리 섬으로 전학을 간 건 1999년이었다.'로 시작하는《복자에게》는 더글라스에 있는 나를 고고리 섬으로 데려갔다. 제주에서도 한 번 더 배를 타고 들어가야 하는 책 속의 공간, 고고리 섬은 책 속의 표현대로 '울고 설운 일이 있는 여자들이 뚜벅뚜벅 걸어 들어가는 무한대의 바다가 있는 세상'이었다.

삶이 계속되는 한 우리의 실패는 아프게도 계속되겠지만 그것이 삶 자체의 실패가 되게는 하지 말자고, 절대로 지지 않겠다는 선언보다 필요한 것은 그조차도 용인하면서 계속되는 삶이라고 다짐하기 위해 이 소설을 썼는지도 모르겠다고, 독자분들 모두에게 끊이지 않고 흐르는 박수를 보내드리고 싶다는 작가의 말을 읽고 책을 덮는 순간 뜬금없는 생각이 휘몰아쳤다. 그렇게 많은 소설을 읽고 사랑하면서도 단 한 번도 감히 가져본 적 없었던 생각. 그러니까 나도 언젠가 소설을 써볼 수 있겠다는 생각이 '번쩍'하고 올라온 것이다. 나는 창의력이 없는 사람이라 결코 소설은 쓰지 못할 거라고, 언제나 단호하게 단정했던 시간을 단숨에 뚫고서 말이다.

> 내가 아빠를 미워했어, 아빠가 실패해서 아빠를 미워했어. 그런데 그러면 나는 아빠가 아니라 실패를 미워한 셈이라는 생각이 들어.
> ― 김금희, 《복자에게》 중에서

나는 나를 미워했다. 몸이 약한 나를 미워했다. 창의력이 없는 나를 미워했다. 여덟 살 때부터 매일 서점에 틀어박혀 책방에 있는 소설이란 소설은 한 권도 빼놓지 않고 읽어대면서도 소설가는 그저 동경의 대상일 뿐이었다. 미술도 마찬가지였다. 그림 그리는 걸 좋아하고, 또 잘했던 나는 고등학교 시절 미술 선생님께 미술을 전공해

보라는 제안을 받기도 했지만, 고민의 여지조차 없었다. 꼼꼼한 성격 탓에 그럴듯해 보이는 작품을 흉내 낼 수 있을 뿐, 나는 무언가를 창작할 수 있는 사람이 아니라고 생각했다. 창의력은 내 능력 밖에 있는 것이라고 확신했다.

그저 시키는 대로 공부를 했다. 점수에 맞춰 대학에 갔다. 진로는 일찍이 정해졌다. 여자 직업으로 제일 괜찮다는 교사였다. 내가 좋아하는 것을 잘할 수도 있다는 생각, 내가 사랑하는 것을 업으로 가질 수 있다는 생각은 한 번도 하지 못했다. 어쩌다 내 이름 석 자가 박힌 책을 여러 권 출간한 뒤에도 상황은 크게 달라지지 않았다. 내가 책을 쓸 수 있었던 건 그게 그저 나의 이야기였기 때문이다. 내가 할 수 있는 건 거기까지였다. 그런데 복자를 만나 고고리 섬에 다녀온 내 귓가에 밑도 끝도 없는 소리가 들려온 것이다.

'왜 나는 지레 나를 딱 잘라 판단하고 미워했을까? 당장이 아니더라도 10년, 20년, 아니 30년, 40년? 아이가 더 자라 내 시간이 흘러넘칠 때가 온다면, 내가 무사히 할머니가 된다면, 70대의 나, 80대의 나는 소설을 써볼 수도 있을 텐데. 나라는 사람의 인생 전체에 걸쳐 반드시 불가능한 일이라고 확언해 버릴 수 없는데 말이야.'

그 언젠가 네가 원하기만 한다면, 그게 언제든 너도 소설을 써볼 수 있을 거라는 확신의 말이 내 마음 밭에 떨어졌다. 고고리 섬에서 날아온 씨앗이 나 자신이 만들어 놓았던 한계에 균열을 만들었다. 내가 미워하던 내 모습을 사르르, 파도가 내리치고 간 바닷가의 모래

성처럼 흔적 없이 지워버렸다. 이 씨앗이 말라 죽지 않고 싹을 틔울 수 있을지, 무럭무럭 자라 열매를 맺을 수 있을지, 언젠가 정말 소설을 쓸 수 있을지… 지금은 알 수 없는 실현 가능성을 떠나 그 자체로 후련했다. 내가 규정해 놓았던 내 모습이 사라져 버린 모래사장 위에 서 있는 기분이 얼떨떨하면서도 시원하고 통쾌했다. 이제 뭐든 새롭게 그림을 그릴 수 있을 거란 믿음이 날아왔다. 근거 없이 쏟아내는 미움을 걷어내고 나 자신을 사랑하면서, 나만의 꽃을 다채롭게 피워가면서.

홀로 여행에서만 가능한 멈춤의 시간

객실이 꽉 찬 주말임에도 나를 방해하는 이가 한 명도 없는 서재에서 3시간, 고고리 섬에서의 여정을 보내고 다시 3층으로 올라갔다. 음식과 주류를 제공하는 라운지의 더글라스 아워에서 저녁을 먹을 계획이었다. 하지만 라운지에 들어서자마자 뒷걸음을 치며 멈춰섰다. 핫도그 하나를 만들어 먹기 위해 서야 하는 줄이 길고 길었다. 바글바글한 인파 속에 서서 기다리는 걸 싫어하는 내 몸이 반사적으로 방향을 돌렸다. 머리보다 빠른 판단으로 움직인 발걸음에 이끌려 2120호의 침대에 걸터앉았다.

온종일 먹은 것도 변변찮은데 어느새 8시가 훌쩍 넘었다. 이 시간

서울 〈더글라스 하우스〉

에 또 밖으로 나가 뭘 먹는 건 귀찮고, 그렇다고 아무것도 안 먹을 수는 없는 상황에서 선택한 카드는 룸서비스, 호캉스의 절정이자 평소에는 절대 할 수 없을 호사의 끝판왕이었다. 오늘 종일 밥 한 끼 사먹지 않았으니 그 식비를 함께 쓴다 생각하면 이 지출이 아주 낭비는 아니라는, 혼자만의 합리화를 열정적으로 가동하며 메뉴판을 신중하게 넘기고 또 넘긴 끝에 전화를 걸었다. "여기 2120호인데요~"

샤워를 하고 나와 화장품을 바르는 사이 주문한 음식이 도착했다. 호텔 룸서비스는 신혼여행 이후로 처음이었으니 무려 10년 만의 호사이건만 메뉴는 10년 전과 동일했다. 입이 떡 벌어지는 가격들 속에서 그나마 양호한 금액에, 내 입맛에도 부합하는 녀석은 이번에도 샌드위치였다. 함께 온 사이드메뉴마저 똑같아 정겨운 룸서비스 쟁반을 받아 들고 테이블에 앉아 혼자만의 만찬을 즐겼다.

바스락거리는 소리와 함께 청량한 촉감으로 내 몸을 사로잡는 호텔 침구에 파묻혔다. 이불 속에 들어가는 순간부터 느껴지는 쾌적함에 몸서리를 치며 빵빵한 베개에 등을 기대고 앉아 반쯤 누웠다. 지금, 이 순간, 이 세상에서 가장 편안한 사람은 내가 아닐까, 하는 평화가 밀려왔다. 딱 하나, 더글라스 라이브러리에서 만난 책 한 권을 더할 수 있으면 얼마나 완벽했을까 하는 아쉬움이 들었지만 반출 금지라는 원칙을 어쩔 수는 없었다. 책 대신 리모컨을 들어 우리 집에 없는 텔레비전을 켰다. 딱히 무엇을 '본다'기 보다는 거기서 흘러 나오는 소리를 백색 소음 삼아 넋을 놓았다. 온전한 휴식에 빠져들었다. 우리 뇌에 꼭 필요하다는 잠시 멈춤의 시간이 잠시가 아니라 길게 흘렀다. 이 밤이 가는 게 아쉬워 12시가 넘어서야 잠에 들었다.

10년 전의 나는 믿을 수 없었을 오늘

발가락 하나도 꺼내고 싶지 않은 호텔 이불 안에서 8시까지 꼼지락꼼지락 게으름을 부렸다. 눈도 제대로 뜨지 못한 채로 아이에게 전화를 걸었다. 아빠가 차려주고 간 아침을 먹고 돌봄센터에 갈 준비까지 마쳤단다. 엄마는 집에 없고 아빠는 출근했는데도 빈 집에서 등원 시간을 기다리는 아이의 목소리는 경쾌했다. 여유가 넘쳤다. 10년 전의 나에게 아무리 말해주었다 한들 믿을 리 없었을 날을 지금 맞이하고 있다는 것을 알았다. 딱 하루만, 더도 덜도 말고 단 한 번만이라도 밤새 깨지 않고 푹 자봤으면 더 이상 바랄 게 없겠다고 울부짖던 날들이 흘러 오늘이 왔다.

전화를 끊고 샤워하고 나오니 벌써 9시 20분. 조식 시간이 끝나기 30분 전에야 라운지에 들어섰다. 신선한 샐러드 한 접시와 상큼한 딸기, 삶은 달걀을 폴바셋 커피와 즐기는 동안 사진 한 장이 날아왔다. 보자마자 나도 모르게 "꺄악!!!" 마음속으로 탄성을 지르고 말았던 사진에는 아이의 발과 우리 집 반려묘 크림이가 찍혀 있었다. 지금도 오동통통 아가아가하던 시절의 귀여움이 남아있는 아이의 발

서울 〈더글라스 하우스〉

에 꼬리와 손, 아니 앞발을 척- 얹고, 한 발로는 얼굴을 가린 채 쌕쌕 자는 크림이. 크림이 때문에 나갈 수 없다는 아이는 그렇게 한 존재와 사랑을 나누고 있었다.

방에 들어서며 감탄한 게 불과 몇 시간 전인 것 같은데, 하룻밤은 왜 이렇게 빨리 지나가는지. 이 공간을 그대로 우리 집 옆에 붙여 내 작업실로 쓸 수는 없을까, 이런 공간에서 계속 머물며 내 일을 할 수는 없을까. 실현 가능성이라고는 0.0001%도 없는 생각을 하며 체크아웃했다. 데스크에 가방을 맡기고 맨몸으로 더글라스 하우스 산책로로 향했다. 그러나, 입구에 서자마자 '겨울철 결빙으로 출입을 통제하오니 양해바랍니다.'라고 적혀 있는 안내문을 허탈하게 바라봐야만 했다. 어딜 가도 황량한 겨울이니 2월의 여행은 어쩔 수 없다고 각오를 하긴 했지만 '영업 중단'으로 시작해 '출입 통제'로 끝나는 여행이라니! 이건 해도 해도 너무 한 거 아니냐는 원망이 절로 올라왔다.

다시 또 10년이 흐른 뒤를 향한 걸음

하지만 거기서 포기할 수는 없었다. 워커힐 호텔 부지 내의 길이란 길을 빠짐없이 따라 걸었다. 그러다 막혀 있지 않은 나무 계단을 하나 발견했다. 야외 주차장과 연결된 덕분에 폐쇄되지 않고 정원으로 이어진 길이었다. 약간은 반칙 같기도 한 계단을 올라 정원으로 들어갔다. 2월의 정원은 황량하고 메마른 전경을 선사할 뿐이었지만 그 길을 따라 내려오는 순간 환하게 웃지 않을 수 없었다. 계단을 내려오는 내 머리 위로 사르르르, 푸르른 숲을 볼 수 없어 아쉬운 이 계절에만 허락되는 새하얀 꽃이 내리기 시작했다. 닿자마자 사라지는 어리고 작고 보드라운 눈꽃들이 겨울바람을 타고 춤을 추며 내 머리 위로 쏟아졌다.

눈꽃들의 배웅을 받으며 광나루역으로 걸어 내려갔다. 어제 올라오며 감탄한 한강의 물빛을 바라보는 내 가슴에 그 어떤 근거도, 논리도 없는 확신이 가득 찼다. '지금으로부터 10년 뒤, 갓난아기였던 아이가 자라 이만큼 큰 것과 같은 시간이 또 지나고 나면, 나는 나만의 집을 가질 수 있을 거야. 딱 저런 방, 나만의 작업실에서 글을 쓸수 있을 거야. 거기서 나는 소설을 쓰고 있을 거야. 그래, 나는 소설을 쓰고 있을 거야.'

나오고 싶지 않았던 어젯밤의 공간과 똑 닮은 집에서 스무 살이 된 아이를 반기는 내 모습이 생생하게 펼쳐졌다. 나만의 집, 나만의 책상 앞에 앉아 글을 쓰는 나. 소설을 쓰는 나. 상상만으로도 웃음이 나는 꿈이 솟아났다. 달뜬 기대가 몰려왔다. 폴짝 포올-짝, 나도 모르게 가벼워진 발걸음으로 길을 걸었다. 10년을 함께 살아온 이들을 향해서, 10년 뒤 맞이할 나만의 방을 향해서 걸음을 내디뎠다.

서울 〈더글라스 하우스〉

Tip

서울

더 글 라 스 하 우 스

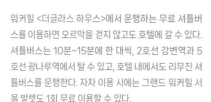

워커힐 <더글라스 하우스>에서 운행하는 무료 셔틀버스를 이용하면 오르막을 걷지 않고도 호텔에 갈 수 있다. 셔틀버스는 10분~15분에 한 대씩, 2호선 강변역과 5호선 광나루역에서 탈 수 있고, 호텔 내에서도 리무진 셔틀버스를 운행한다. 자차 이용 시에는 그랜드 워커힐 서울 발렛도 1회 무료 이용할 수 있다.

<더글라스 하우스> 투숙객은 아침 7시부터 저녁 10시까지 커피와 차가 제공되는 라운지를 자유롭게 이용할 수 있다. 라운지 이용 시간 중 07:00~10:00는 조식 타임으로 워커힐 베이커리의 브레드와 간단한 샐러드, 시리얼, 요거트와 우유, 오픈 키친에서 셀프로 이용할 수 있는 계란 요리가 제공되며 15:00~17:00는 라이트 스낵 타임으로 간단한 간식거리와 커피, 차를 즐길 수 있다. 19:00~21:00는 더글라스 아워 타임으로 치즈와 견과류, 핫도그와 같은 가벼운 스낵과 함께 셀프 칵테일, 와인, 맥주 등의 주류가 제공되는데, 내가 방문했던 2022년 2월에는 코로나19 확산 방지를 위한 사회적 거리 두기로 한정된 양을 테이크아웃해 방에서 먹는 것도 가능했다.

더글라스 라이브러리는 아침 7시 부터 밤 10시까지 자유롭게 이용 할 수 있지만 책을 방으로 가지고 가서 읽을 수는 없다.

<더글라스 하우스>는 전 객실 미니바가 무료로 제공되어 객실 내 냉장고에 맥주와 탄산수, 생수가 각 2병씩 구비되어 있다. 냉장고에 준비된 맥주는 창이적이고 고유한 수제 맥주 개발 공법을 통해 최고의 맥주를 선보인다는 수제 맥주 업체 어메이징 브루잉컴퍼니와 콜라보해 만든 '워커힐 맥주'로, 부드러운 목 넘김과 깔끔한 청량감을 자랑한다고 한다.

경주

〈소소밀밀〉 + 〈어서어서〉

경주 〈소소밀밀〉
〈어서어서〉

돌아가는
길에
피어난 것

　한 달에 한 번 나 혼자 하는 여행이라는 안 하던 짓(!)을 하고 있기 때문인가. 여행을 대하는 나의 자세가 이상하게 허술했다. 평소의 나는 1년 열두 달을 줄 세워 적어 놓고 달마다 좋을 장소를 모색해 1순위는 물론 2순위까지 정리해 두었을 텐데. 철저하리만큼 계획적이었던 나는 사라졌다. 나태하고 게으르고 느슨했다. 이 여정의 목적이 무언가를 완벽하게 달성하기 위함이 아니라 그동안 애쓴 나를 돌아보며 쉬어 가는 것이었으므로. 그저 느낌이 가는 대로, 즉흥적인 떠남과 멈춤을 즐겨 보자 싶었다.

　일단 날짜만 정해놓고 남편에게 일러둔 뒤 일상에 파묻혀 살다가,

경주 〈소소밀밀〉 + 〈어서어서〉

코앞으로 다가와서야 다녀올 행선지를 서둘러 찾고 예약하기를 반복했다. 그렇게 석 달이 지나 고대하던 새봄이 찾아오자 조금 더 일찍 봄을 만나고 싶었다. 봄 하면 벚꽃, 벚꽃 하면 경주가 떠올랐다. 초등학교 6학년 때 수학여행을 다녀온 후 25년이 지나도록 다시 가본 적이 없는 경주. 3월의 여행은 마지막 주 일~월, 벚꽃이 찬란하게 핀다는 경주에서 봄 마중으로 정했다.

벚꽃 마중을 계획했습니다만

경주의 벚꽃 하면 보문단지가 가장 유명하지만, 경주는 도시 전체가 벚꽃 길이라는 말에 이동 거리가 가장 짧은 황리단길의 숙소를 예약했다. 전통 한옥 스타일의 카페나 식당, 사진관 등이 밀집해 있어서 젊은이들이 많이 찾는 '황남동의 경리단길'로 불린단다. KTX를 타고 2시간을 달려 신경주역에 내린 뒤, 시내버스로 열다섯 개 정류장만 이동하면 도착할 수 있다는 점도 매력적이었다. 자동차보다도 빠르고 편리한 데다가 첨성대와 대릉원 같은 관광지를 걸어서 둘러볼 수 있고, 〈어서어서〉라는 이름부터 아기자기한 독립서점에 그림책방까지 있는 곳. 주저할 이유가 없었다.

예쁘고 특색 있는 숙소가 너무 많아 선택이 어려웠다는 것이 문제라면 문제였는데, 여행 날짜와 장소만 정해 놓고 숙소 예약은 계속

미뤄둔 게으름 덕분에 이 과정도 수월하게 통과했다. 마음을 잡고 노트북 앞에 앉았을 때는 이미 많은 숙소가 만실이어서 가능한 선택지 자체가 한정적이었다. 그런데 예정일이 다가올수록 불길한 예감이 몰려왔다. 여행 일정과 장소를 정하며 '벚꽃 개화 시기'를 검색했을 당시, 분명 남부지방의 벚꽃이 피기 시작한다고 했던 날짜가 거의 임박했음에도 벚꽃은 감감무소식이었다. 제주에서조차 조용했다.

이제 와 변경할 수도 없는 예약일을 손에 들고 불안해진 내가 다시 '22년 벚꽃 개화'를 검색하기 시작하자, 믿고 싶지 않은 결과들이 쏟아졌다. 올해 벚꽃은 예년보다 늦게 필 것으로 예측되며, 작년 벚꽃은 평년보다 2~9일 정도 빠르게 개화했던 것이라나?! (아니 왜 이런 정보는 이제야 보이는 것인가!) 벚꽃 여행은커녕 서울에 있는 벚꽃 명소에도 못 가본 내가 벚꽃을 보기 '딱' 좋은 시기를 예측해 떠나는 여행은 당초부터 불가능한 일이었을까?

두 달 만에 두 번째 방문이라고 한결 익숙해진 서울역에서 KTX를 타고 역방향 아닌 순방향에서 여유롭게 창밖의 풍경을 바라봤다. 2시간 10분이 금방 흘렀다. 벚꽃보다 먼저 피어 있는 목련의 인사를 받으며 신경주역에서 70번 버스에 몸을 실었다. 열려 있는 창문으로 들어오는 3월의 바람을 맞으며 20분쯤을 달렸다. '고속버스 시외버스터미널' 정류장에서 내려 황리단길로 걸어갔다. 정류장에서 황리단길로 걸어가는 골목은 벌써 청춘남녀로 북적이고 있었다. 굳이 지도를 열어보지 않아도 어디로 가야 하는지 알려 주는 인파를 따라 '황남 큰길'로 불렸다는 712m의 메인 골목에 들어서자마자 뜨악했다.

내게는 너무 먼 당신, 뜨거운 그대여

경주 사람들은 여기 다 모여 있나? 코로나19 이래 이렇게 많은 인파 속을 걸어본 적이 없었다. 얇은 외투를 벗어도 서늘하지 않을 만큼 포근한 일요일 오후, 젊은이들이 많이 찾는다는 핫플레이스는 그야말로 인산인해. 차도 양옆의 인도가 사람들로 가득 찼다. 내 두 발로 내 갈 길을 '걸어간다'기 보다 앞뒤의 인파에 쓸려 '떠밀려 간다'는 느낌 속에 5분이나 걸었을까? 나는 더는 지속할 수 없는 무리를 이탈해 한산한 골목으로 빠져 나왔다.

지금까지 다닌 세 번의 여행에서 만난 사람들을 다 더해도 방금 5분 동안 스친 사람들보다 적을 거란 현실에 당황했다. 그리고 확실히 깨달았다. 내가 좋아하는 길은 한적한 길, 조용한 길, 강렬하게 '핫'한 길이 아니라 호젓하게 '콜드! 콜드! 콜드!' 오싹하리만큼 고요한 길이라는 걸.

벚꽃을 보겠다고 경주를 선택했건만 벚꽃은 없고 사람만 가득하다니. 이번 여행은 그냥 이렇게 끝나는 거 아닐까 싶어지는 나를 달래며 일단 식당을 찾았다. 이 시점에 어떤 곳에서 어떤 음식을 먹느냐는, 남은 여행의 향방을 완전히 결정지을 수도 있으므로. 어느 때보다도 신중하게 식당을 골랐다. 너무 사람이 많거나, 너무 좁거나, 너무 근사한 곳은 제외하고, '가볍게'가 아닌 '든든한' 끼니를 먹을 수 있는 곳. 골목 골목을 돌고 또 돌아 본 끝에 제법 규모가 있는 쌈밥집에 들어갔다.

〈별채반 교동쌈밥〉은 널찍한 공간에 혼자서도 주문할 수 있는 1인 메뉴(비빔밥과 육개장)가 있었다. 웨이팅 앱으로 접수하고, 카카오톡 실시간 안내를 받으며 매장에 입장할 수 있는 점도 편리했다. 잠깐의 대기 후 자리에 앉아 곤달비비빔밥을 주문했다. 숟가락과 젓가락은 물론 뚜껑이 덮여 있는 밥공기와 미역국이 담겨 있는 국 공기, 비빔밥을 만들어 먹을 대접과 여섯 개의 찬기까지 모두 고급스러운 놋쇠로 짝을 이루고 있었다. 이 모든 식기가 나무 쟁반 위에 정갈하게 담겨 나왔다. 건강한 지역 농산물로 경주의 맛과 향을 전한다는 비빔밥을 먹기도 전에 일단 합격! 기분이 좋아졌다.

식당 안은 가족과 연인들로 북적거렸지만 내 앞에 펼쳐진 한 상을 먹으며 숙연해졌다. 누군가에게는 '고작' 비빔밥일 수 있는 이 비빔밥 하나를 만들기 위해 쏟아야 하는 노동은 얼마나 큰가. 결혼하고 엄마로 살며 크게 변한 것 중 하나가 음식을 대하는 태도였다. 당근과 시금치, 버섯은 물론 달걀의 흰자와 노른자까지도 구분해 하나하나 채를 썰어 낸 손길에 감동이 밀려왔다. 다른 이를 먹이고 채우는 원초적이면서도 본원적인 손길, 누군가의 노동에 기댄 한 끼에 더욱 탐복하며 곁 반찬까지 남김없이 먹었다. 이보다 진심일 수 없는 한 마디, “맛있게 잘 먹었습니다!”

내향인의 책방 탐험은 조용히 비밀스럽게

뱃속은 물론 마음마저 꽉 채워진 에너지로 〈소소밀밀〉 그림책 서점을 찾았다. 식당을 찾기 위해 이 골목 저 골목을 돌아다니면서도 그림책 서점을 발견하지 못했던 나는 스마트폰의 지도 앱을 따라 걸었다. 그런데 이럴 수가! 〈소소밀밀〉 그림책 서점은 황리단길이 시작하는 입구, 대릉원 돌담길 앞에 있었다. 거의 모든 골목을 다녀봤다고 생각했지만 내가 걸어보지 못한 황리단길 주변의 골목은 계속해서 등장했다(다음 날 오후까지도).

〈소소밀밀〉은 ‘성긴 곳은 더욱 성기게 빽빽한 곳은 더욱 빽빽하게’라는 말로, 느긋한 글작가 소소 아줌마와 꼼꼼한 그림작가 밀밀 아저씨가 운영하는 그림책 서점이다. 나는 ‘소소밀밀’이라는 말의 뜻은 물론 이 공간을 운영하는 서점지기님들의 이야기를 출입문 바로 앞 벽면에 적혀있는 안내문을 읽으면서야 알게 되었다(이번 여행의 컨셉은 계획형 김슬기와의 이별이 확실하다). 〈소소밀밀〉의 의미를 듣자, 내가 들어선 공간이 더 애틋하게 느껴졌다. 내가 너의 이름을 불러주었을 때 너는 그 이름만으로도 특별해지지만 그 이름 속에 담긴 의미와 그를 둘러싼 이야기가 더해질 때, 우리의 관계는 또 다른 층위로 진화했다. 더욱 진하게, 더 끈끈하게.

실내 사진 촬영을 금지한다는 안내문을 보고 휴대전화를 가방에 넣었다. 기와집을 리모델링해서 만든 건물 안쪽에 들어서자, 공간이 다른 차원으로 이동했다. 서점 정중앙의 긴 테이블과 양쪽 벽면에 가득 놓여 있는 그림책 표지, 나지막하게 흘러나오는 음악 소리, 귀여운 고양이와 소소한 일상, 경주의 유적지를 담고 있는 드로잉 엽서들까지. 이 공간을 채우고 있는 작품들을 마주하는 순간, 관광객으로 가득했던 황리단길의 소란이 일순간에 사라졌다. 이보다 차분할 수 없는 고요가 찾아왔다.

〈소소밀밀〉은 그림책만 전문적으로 다루는 큐레이션 서점이다. 그림책은 한때 어린 시절 읽고 마는 책으로 치부되기도 했지만, 이제는 0세부터 100세까지 모두가 즐길 수 있는 예술 작품으로 인정받고 있다. 한 사람이 겨우 지나다닐 수 있는 정중앙의 테이블 사이 공간을 한 걸음, 또 한 걸음. 이 걸음 다음 신속하게 따라오는 저 걸음이 아니라 이 걸음과 저 걸음 사이가 마치 천 년의 역사를 품고 있는 이 도시인양 길고도 긴 걸음으로 이동했다. 책방 안을 둘러봤다. 아니 그저 존재하며 머물렀다. 밀밀 아저씨는 그림책을 '가지고 다닐 수 있는 작은 미술관'이라 소개한다. 과연 그림을 전공한 밀밀 아저씨의 안목과 취향으로 큐레이션 된 100여 종이 넘는 국내외 그림책을 펼쳐 보는 즐거움이 가득했다.

아름다운 그림책만큼 나를 사로잡은 건 소소 아줌마와 밀밀 아저씨의 비하인드 스토리였다. 경주에 연고가 전혀 없던 두 사람이 어쩌다 서울에서 경주로 이주해 서점을 차리게 되었는지, 소소밀밀 이야기실에는 두 서점지기가 걸어온 발자국이 고스란히 담겨 있었다. 나는 저기 카운터에서 푸근하고 인자하게 이 공간의 따스함을 채워주는 밀밀 아저씨에게 말을 거는 대신, 〈소소밀밀〉의 역사가 담긴 글과 사진, 그림을 천천히 음미했다. 비밀스럽게 들여다보았다. '소소밀밀'이라는 그림책 세계에 들어와 돌이 되는 마법에 걸린 게 아닐까 싶을 정도로 조용히 탐구했다.

소소밀밀에서 만난 벚꽃을 품고

오늘 데려가고 싶은 그림책을 손에 들었다. 그림책을 펼쳐 볼 수 있는 소장본이 있지만 소장본도 책의 몇 장만 공개할 뿐 나머지 뒷부분은 내용을 볼 수 없게 비닐로 씌워 둔 〈소소밀밀〉만의 시그니처 '그림책 미리 보기' 시스템 덕분에 오늘의 그림책을 고르는 데 아주 긴 시간을 들였다. 반면 밀밀 아저씨의 드로잉 엽서 앞에서 오늘을 추억할 그림을 고르는 데에는 3초도 걸리지 않았다. 눈이 마주치자마자 '바로 너야!' 할 수밖에 없는 그림을 만난 것이다. 마치 운명처럼 딱 한 장만 남아있던 경주의 벚꽃. 오늘 볼 수 없어 낙담했던 벚꽃이 거기에 피어 있었다. 떨어지지 않는 풍성함으로 흐드러지게, 왠지 울컥 애잔해지는 빛을 품고서.

그림책과 벚꽃을 품에 안고 나왔다. 바깥은 여전히 소란했다. 동화 속 세상 같은 소소밀밀에서 벚꽃을 품고 나왔기 때문일까? 예약해 둔 숙소를 찾아가는 내 가슴에 살포시 봄이 날아왔다. '누리 봄, 봄의 세상. 누리다 봄, 마음껏 즐기는 봄.' 오늘 묵을 숙소의 이름과 의미를 중얼거리며 내가 예약한 사계절 객실 앞에 섰다. 딱 하나 남아있는 방이라 선택의 여지가 없었던 201호는 2층에 하나뿐인 방이라 조용했다. 창문에서 내려다볼 수 있는 한옥 지붕의 선이 좋았다. 깨끗하고 안락한 공간에 가방을 내려놓고 책 한 권만 덜렁 들고 방을 나섰다. 이제 가방 없이 걷는 맨몸 산책을 즐길 시간! 신라 고분 유적의 중심이라는 대릉원으로 향했다.

이상한 나라의 대릉원

3월의 대릉원은 인생 사진을 남기기 위한 커플들의 성지였다. 여기저기에서 삼각대를 세워놓고 손을 맞잡거나 포옹하거나 입을 맞추고 있는 젊은이들을 바라보니 노래 한 곡이 떠올랐다. "벚꽃이 그렇게도 예쁘지 바보들아. 결국 꽃잎은 떨어지지. 너네도 떨어져라. 몽땅 망해라~" 나도 모르게 10cm의 '봄이 좋냐'를 흥얼거리며 대릉원이라는 이상한 나라를 걸었다. 벚나무는 여전히 앙상한 겨울인데, 흐드러지게 핀 목련과 산수유는 봄이었다. 23기나 모여 있다는 신라시대 고분에는 200년대에 살다 간 사람들의 죽음이 가득한데, 그 고분 앞에는 2022년을 살아가는 20대 청춘들이 사랑을 불태웠다. 대릉원은 전혀 다른 두 개의 세상이 '잠깐' 겹친 이상한 나라이자, 이어질 수 없을 것 같으면서도 이어질 수밖에 없는 두 세계의 교차점이었다.

죽음과 생명, 산 자와 죽은 자가 함께 어우러져 있는 듯한 신비로운 구역에서 한참을 걷고, 읽었다. 어느 고분 앞의 벤치에 앉아서 읽은 책은 도리스 레싱의 《다섯째 아이》였다. 현실인 듯 환상인 듯 정상과 비정상의 세계를 넘나드는 도리스 레싱의 섬뜩한 이야기는 고분 앞에 앉아 읽기에 안성맞춤이었다. 《프랑켄슈타인》과 《1984》를 떠올리게 하는 공상과학 같기도, 우화 같기도 한 세계에 빠져 정신없이 책장을 넘기다 문득 어둑해진 하늘을 보고 일어섰다. 이제는 다시 저 세계로 나갈 시간. 200년대의 경주와도, 1960년대의 영국과도 이별하고, 2022년의 나에게 일용할 양식과 휴식을 제공해 줄 시간이었다.

성긴 밤을 지나서

황리단길은 여전히 인파로 가득하고 숙소도 만실이었지만 객실은 고요했다. 조금의 소란스러움도 존재하지 않았다. 다음 날 아침 9시까지 한옥을 나서지 못했다. 경주하면 빼놓을 수 없다는 첨성대의 야경이고 뭐고, 그저 이 공간에서 잠잠히 늘어지고만 싶었다. 온돌 위의 뜨끈한 보료에 누워 이미 K.O. '왜 여기까지 와서 멋진 볼거리를 포기하느냐?' 다그치는 목소리에 화답했다. '찬란하게 빛나는 경주의 밤도 좋지만, 모든 게 멈춘 듯 조용한 경주의 밤도 좋아, 아니 그게 더 좋아.'

집요하리만큼 게으르게 보료 위를 뒹굴었다. 새하얀 이불 위로 《소소밀밀》에서 데려온 그림책 《계란말이 버스》가 지나갔다. 대릉원에서 읽다 만 《다섯째 아이》의 마지막 페이지도 넘어갔다. 그 누구의 방해도 받지 않는 밤, 그 어디에도 가지 않는 밤. 딱히 무언가 할 일이 있지도 않은 밤은 빠르게 흘러갔다. 딱 하룻밤, 어쩌다 하루라는 시간은 그래서 더 특별했다. 그 특별함을 완벽함을 내려 놓은 느슨함으로, 무얼 더 하지 않는 느긋함으로 채웠다. 어느새 네 번째가 된 홀로 여행은 빽빽한 내 일상에 '성긴 곳'이 되었다. 지금 내가 누려야 할 것은 잠시 숨을 고르고 가던 길을 멈춰보는 시간, 찾아야 할 것을 향해 따라가느라 놓치고 있던 시간을 보냈다.

경주 〈소소밀밀〉 + 〈어서어서〉

종종 무엇을 잃어버렸는지도 모른 채, 시간을 보낼 때가 있었다. 그러면 나는 아이들의 손을 놓쳤던 계림을 떠올렸다. 찾아야 할 것을 향해 따라가는 삶으로부터 잠시 숨을 고르고, 무엇을 잃어버린 게 아닌가 생각해 보면 가던 길을 멈추게 된다.

—지혜, 소소밀밀, 《경주그림산책 소소하고 밀밀하게》 중에서

평화롭고 무용한 밤을 지나 3월의 하늘과 인사했다. 경주의 아침 하늘은 모든 곳에서 눈이 부셨다. 처마와 어우러진 아침의 하늘, 첨성대 위로 펼쳐진 탁 트인 하늘, 이제 막 피어나는 벚꽃을 감싸고 있는 하늘, 기와지붕 위로 힘차게 뻗어 나가는 하늘. 어젯밤 패스했던 첨성대와 물푸레나무, 홰나무, 휘추리나무와 단풍나무가 있는 경주 계림을 거닐었다. 신라의 신성한 숲에서 고분과 왕릉을 바라보며 거니는 아침 산책길은 호사로움, 그 자체였다. 대체로 한적한 길 사이사이, 아침 운동을 나온 동네 아주머니들을 만났다. 청소 중인 어르신들 곁을 지나기도 했다. 조용하게 차분하면서도 스산하지는 않은 길, 웅성웅성 많은 말을 건네는 것 같은 작은 골목골목을 걷다 보니 어느새 오전 11시, 황리단길의 핫플레이스로 손꼽히는 독립서점 〈어서어서〉가 문을 열 시간이었다.

어서어서라는 우주에서 만난 페퍼로니

얼른 들어오시라 반갑게 맞아주는 말인 동시에 '어디에나 있는 서점, 어디에도 없는 서점'의 줄임말인 〈어서어서〉는 찾기가 쉬우면서도 쉽지 않은 서점이었다. 황리단길 메인 도로 초입에 있어서 황리단길에 발을 들인 이상 지나칠 리 없는 곳인데도, 커다란 입간판 같은 게 전혀 없어서 이 길을 몇 번이나 오가면서도 서점의 존재를 알아차리지 못했다. 〈어서어서〉 서점은 투명한 유리창에 반듯한 두 줄의 흰색 글씨(어디에나 있는 서점, 어디에도 없는 서점)로 자신의 존재를 알리고 있었다.

하늘하늘 흩날리는 하얀색 레이스 커튼을 젖히고 책방에 들어섰다. 왜 여기가 #감성책방 #카페같은책방 이라는 해시태그를 달고 젊은이들 사이에서 핫한 공간으로 사랑받는지 단박에 이해가 갔다. 작지만 손바닥만 한 공간 하나도 허투루 두지 않고 가득 채워 놓은 작지 않은 공간이랄까. 곳곳에 빼곡한 책은 물론 벽면 가득 붙어 있는 영화 포스터와 오래된 사진, 엽서, 손 글씨로 적어둔 책 속의 글귀와 다양한 메모들이 오래된 풍금과 괘종시계, 아기자기한 소품들과 어우러져 그 어디에서도 따라 할 수 없는 이곳만의 분위기를 만들어 내고 있었다. 미니멀리스트인 나는 진작에 처분했을 법한, 아니 애초에 소유하지도 않았을 자질구레들한 것들의 대향연 앞에서 정말이지 놀라지 않을 수 없었다. 그 엄청난 물건들은 혼돈이 아닌 코스모

경주 〈소소밀밀〉 + 〈어서어서〉

스로 존재했다. 모든 것들이 조화롭게, 어서어서라는 질서를 갖추고 있었다.

월요일 오전임에도 끊임없이 드나드는 손님들 속에서 '어서어서'라는 우주를 유영했다. 서점에는 시와 문학, 에세이, 독립출판물이 다양하게 갖춰져 있었다. 독립서점답지 않게 많은 책을 보유하고 있는 공간에서 내가 고른 책은 하필 또 김금희, 지난달 여행에서 읽고 온 소설의 저자였다. 더글라스 라이브러리가 책방이 아니어서 읽기만 하고 구입해 오지 못한 아쉬움이 남았던 건지, 경주에서 만나고 싶었던 벚꽃의 빛을 담은 표지의 색감 때문이었을지. 경주와는 그다지 어울리지 않는 제목의 소설집, 《우리는 페퍼로니에서 왔어》를 구입했다. 워커힐에서는 '복자'를, 경주에서는 '페퍼로니'를 선택하는 아이러니라니.

"선물하실 책인가요? 받는 분 성함을 어떻게 적어드릴까요?" 힙한 분위기가 물씬 풍기는 책방지기님의 질문에 내 이름을 답했다. '긴슬기 귀하' 읽는 약을 받았다. 〈어서어서〉 서점은 구입한 책을 '읽는 약' 처방전 봉투에 담아 준다. 1일 몇 회 며칠 분, 취침 전후 얼마 동안, 매일 몇 분씩 책을 읽을 것인지 써넣을 수 있는 복용법에 키득 웃고, '개봉 후에는 이른 시일 내에 완독하여 주십시오.'라고 적혀 있는 스티커를 보며 읽기를 향한 의지를 불태웠다. 읽는 약 봉투와 함께 건네주는 종이 태그에는 서점에 구비되어 있는 다양한 스탬프를 찍어 나만의 책갈피를 만들 수 있었다. 책을 읽고 싶은 것을 넘어 사고 싶게 만드는 아이디어에 깊이 감탄했다. 이곳이야말로 책을 '판매'하는 곳이라는 책방 제1의 목적을 충실하게 달성하고 있는 서점이 아닌가. 읽는 약 봉투와 고양이 스탬프를 찍어 만든 책갈피를 들고 서점을 나서는 내 손에 작지만 커다란 힘이 전해졌다. 당연한 것을 당연하게 실현하기가 쉽지 않은 세상에서 그것을 이루어 주는 힘은 소소한 데에서 시작하는 것이었다. 그것이 바로 내가 〈어서어서〉에서 경험한 자질구레의 힘이랄까?

경주, 과거로 가는 문을 열어

〈황남경주식당〉에서 경상도식 반찬과 집된장 찌개가 숯불 목살구이와 함께 나오는 정식 한 상을 맛있게 먹고, 일요일 오후보다 한산해진 황리단길 구석구석을 누볐다. 어제 미처 들어가 보지 못했던 아기자기한 소품 가게, 길게 늘어선 대기 줄이 당연하게 느껴질 만큼 이색적이고 멋스러운 식당들. 걸어도 걸어도 처음 보는 골목과 가게들이 고개를 내밀었다. 그 골목 사이사이에서 만난 카페 중 한 곳에 들어갔다. 〈어서어서〉에서 처방받은 약을 커피와 함께 복용했다.
쏟아져 들어오는 경주의 오후 햇살 아래, 나무 쟁반에 올려놓은 책 표지를 바라보는 것만으로도 '페퍼로니'스러워졌던 소설집은 나를 열아홉, 스물쯤으로 데려갔다. 대학 진학에 거듭 실패한 삼수생

'나'와 의대 적응에 실패하고 휴학한 '장의사'의 이야기를 담은 첫 번째 작품은 소설 속 '나'의 표현대로 '열패감과 울분, 불안과 무기력으로 압착된 독서실'에 나를 앉혀 놓았다. 나는 그 시절부터 함께 해 온 초등학교/중학교 동창이자, 사춘기보다 뜨거웠던 격랑에 휩쓸렸던 스물한 살에 연애를 시작했던 예전 남친을 떠올릴 수밖에 없었다.

> 우리는 생활기록부의 장래희망 칸이 자주 바뀔수록 입시에 불리하다는 사실을 알면서도 쉼 없이 희망을 갱신하면서, 나중에는 그것이 자의 반 타의 반 제멋대로 굴러가는 과정을 지켜봤다. 꿈이 꿈으로 대체되는, 하나의 꿈이 여러 번 종신형을 받아 각자의 인생에서 사라지는 과정을.
>
> ─김금희,《우리는 페퍼로니에서 왔어》중에서

'장래에 하지 않을 장래 희망의 변천사를 지켜본 사이'쯤으로 요약할 수 있는 우리의 날들은 눈부신 청춘의 에너지만큼이나 지난했다. 더없이 뜨겁고 아름다웠지만 결코 다시 돌아가고 싶지는 않은 시간. 만 6년 연애를 하고 찾아온 위기의 순간 우리는 이별 아닌 이별을 했다. 그는 구 남친이자 남편이 되었다. 결혼 후 3주만에 덜컥 생긴 아이를 낳고 키우며 흔들리고 무너졌던 우리의 시간들은 표제작인 '우리는 페퍼로니에서 왔어'의 내가 말한 것처럼 '어디에서 왔는지도 알 수 없고 어디로 가야 할지도 모르겠기에 울고 싶은 기분으로 통과해 온 시절'이자 '좌절을 좌절로 얘기할 수 있고 더 이상 부인

하지 않게 된 성장'이었다. 그리고 322페이지, 7개의 이야기 끝에 당도한 작가의 말을 읽다가 철렁, 가슴이 떨어졌다. '우리는 페퍼로니에서 왔어'라는 제목 뒤에 붙여 두고 싶다는 다른 한 문장, '그리고 아무도 그곳으로 돌아가지 않기로 선택했지.' 이 글은 바로 지금의 내 마음이자 최근 그와 나눈 대화였다.

과거로 들어가는 문의 끝은 다시 오늘

"그땐 참 아가아가했지. 깜찍했지. 사랑스러웠지. 그렇지만 나는 지금이 제일 좋아. 오늘이 최고의 날들이야." 지나간 시간이 고스란히 담긴 사진을 보며 나도 모르게 우쭈쭈 귀여워서 어쩔 줄 모르는 표정을 지으면서도 다시 돌아가고 싶지는 않은 시절이라 단언했다. 오늘의 우리는 어제의 우리에서 왔다. 그래서 매번 말하고 다짐했다. 오늘에 집중하는 삶을 살자고. 지금, 이 순간에 최선을 다하는 하루를 보내자고.

'돌이킬 수 없는 것은 어쩔 수 없는 것, 그저 그것으로 충분했던 것.' 경주라는 문을 열고 들어간 과거가 내게 말했다. 그리고 데려다주었다. 다시 오늘, 지금, 이 순간으로. 떠나올 때마다 포근해지는 나의 보금자리, 그와 아이가 있는 곳을 향한 그리움과 사랑이 다시 몰려왔다. 경주에 있을 때는 먹어볼 생각조차 하지 않던 경주빵을 사서 돌아오는 길, 빈자리 없이 꽉 찬 KTX 열차 안에서도 흥얼흥얼 노래가 나왔다. "꽃이 언제 피는지 그딴 게 뭐가 중요한데~ 날씨가 언제 풀리는지 그딴 거 알면 뭐 할 건데~~"

대릉원에서 떠오른 10cm의 '봄이 좋냐' 도입부 가사는 맞는 말이었다. 꽃이 언제 피는지, 날씨가 언제 풀리는지, 그 여행지의 풍경과 계절은 중요한 게 아니었다. 그저 살짝 깔리는 배경일 뿐. 벚꽃이 가득한 봄은 사랑하는 이들 곁으로 돌아가는 내 가슴에서 피어났다. 그게 더 찬란했다. 그리고 2주 뒤 만개한 진짜 벚꽃은? 경주 아닌 서울에서, 야외 아닌 집 안에서 창밖으로 바라봐야만 했다. 벚꽃이 만개하기 시작한 4월의 첫 번째 월요일, 토요일 저녁부터 심상치 않은 인후통에 방문한 병원에서 나는 코로나19 양성 판정을 받았다. 그해 벚꽃은 그렇게 떠나갔다.

‑

경주 〈소소밀밀〉 + 〈어서어서〉

Tip

경주

소소밀밀

내가 방문할 때만 해도 대릉원 돌담길에 있었던 그림 책방 <소소밀밀>은 그사이 한 곳을 더 오픈해 대릉원점과 무열왕릉점 두 곳으로 운영한다. 황리단길에 위치한 대릉원 점(포석로 1092번길 16 황리단길)은 매주 월요일 휴무로 화요일부터 일요일까지 12~18시 영업을 하며, 무열왕릉 점(능남길 15)은 매주 월,화 휴무로 수요일부터 일요일까지 12시~18시 운영한다. 새로 문을 연 무열왕릉점은 차분하고 고요한 분위기의 북카페다. 그림책에 둘러싸인 공간에서 '나의 가장 고요한 때'를 그림책과 함께 누릴 수 있다.

어
서
어
서

어디에나 있으면서도 없는 서점 <어서어서>(경북 경주시 포석로 1083)를 찾고 싶다면,
가게 앞에 놓인 주황색 플라스틱 의자에 주목해야 한다. 책방 앞에는 마치 버스터미널
의 대합실에 있을 법한 주황색 플라스틱 의자 세 개가 '정숙'이라고 쓰인 나무 입간판과
함께 놓여 있다(책방 이름 '정숙' 아님 주의! 서점 앞의 의자는 책을 보는 공간으로, 누군가는 책을
보고 있으니, 목소리를 조금 낮춰달라는 안내문이 붙어 있는 것이다. 하지만 책방이 사람들이 가장 많
이 지나다니는 황리단길 메인 도로 초입에 있다 보니 여기 앉아 책을 읽는 건 사실상 불가능할 듯싶고
책방에 방문한 사람들의 포토존으로 애용되고 있다). 영업시간은 평일 11시~19시 30분까지,
주말 10시~21시로 휴무일 없이 운영하고, 쉬는 날이 생길 경우 책방의 인스타그램에
별도 공지를 한다.

'떠나지 않음'에서
시작된 여행

"아무리 생각해도 이번 여행은 불가능할 것 같아. 앉았다 일어날 때도 이렇게 현기증이 나고 버거운데, 지하철에 경의중앙선에, 버스까지 2시간 넘게 이동하면서 멀미까지 했다가는 정말 길을 가다 쓰러져 몇 달을 앓아누울지도 모르겠어. 이제 와 취소할 수도 없고, 다 지불해 놓은 숙박비도 아까우니 나 대신 당신이 다녀오는 건 어때?"

일단 그는 당황했다. "내가 무슨 책방 여행이냐?"며 고개를 저었다. 책이라면 일 년에 딱 한 권, 같이 사는 여자가 쓴 책을 몇 달에 걸쳐 간신히 읽는 게 전부인 남자의 입장에서는 말도 안 되는 제안이었다. 아내는 일주일간의 격리 생활을 마친 뒤 2주가 지난 지금까지도 코로나바이러스와 사투를 벌이는 중이었다. 목소리가 전혀 나오지 않던 후두염 증상은 나아졌지만, 여전히 37.5도에서 38.5도 사이를 맴도는 미열과 현기증을 앓고 있었다. 집 근처 가게까지 걸어가다가도 자주 휘청댔다. 그런 아내를 두고 책방 여행을? 심지어 아이까지 맡겨 놓고 혼자 다녀오라고? 그는 도대체 이해할 수 없다는 눈빛으로 그녀를 바라봤다.

"아니 뭐 북 스테이 여행은 꼭 책을 좋아하는 사람만 가야 하나?! 책방으로 여행을 간다고 해서 꼭 책을 읽어야 하는 것도 아니고, 그냥 책이 있는 공간에서 고요하게 혼자만의 시간을 보내고 오는 거지. 그동안 나 때문에 당신도 애 많이 쓰고 힘들었으니까. 혼자 하루 푹 쉬고 오면 좋지 않겠어? 당신이 다녀와서 이야기해 주면 되잖아. 이번 달은 나 대신 남편이 다녀오는 대리 여행! 어때? 괜찮지 않아?"

아내는 남편을 설득했다. 세 가족 중 유일한 확진자가 되어 혼자 격리 생활을 하는 동안 아이를 먹이고 챙기느라 애쓴 남편에게 휴가를 주고 싶었다. 거기다, 예정된 여행을 도저히 떠날 수 있는 컨디션이 아니었다. 이미 지불해 놓은 숙박비는 환불받을 수도 없고. 망설이는 그의 옆구리를 찔러댔다. 이건 다녀와도 되는 여행이라고, 누려도 되는 시간이라고.

"진짜 그럴까? 그럼 내가 가볼까?" 그의 작은 눈이 반짝였다. 숨길 수 없는 미소가 발그레 떠올랐다. 감춰지지 않는 흥을 애써 누르며 강조했다. "그저 슬기 아바타처럼 갔다 오는 거야! 북 스테이 여행에

서 '북'은 빠진 여행. 책은 읽지 않고 '스테이'만 하는 여행!" 그가 힘
주어 선언했다. '책방' 여행이라는 부담을 내려놓자 웃음이 터져 나
왔다. 결혼 후 한 번도 가져본 적이 없었던 남편의 혼자만의 여행, 1
박 2일이라는 자유 시간이 그에게 동아줄처럼 내려왔다.

그의 생애 첫 책방 여행

4월의 마지막 일요일 오후, 그는 운전석에 앉았다. 오늘의 도착 예
정지는 양평의 〈카페옥이네〉. 아내는 경의중앙선을 타고 가는 경로
를 계획했다고 했으나, 스무 살부터 운전을 시작해 '3보 이상은 자동
차!'를 외치는 그의 선택은 당연히 자차였다. 시동을 걸고 안전벨트
를 맨 그는 옆좌석을 바라보았다.

"벨트 잘 맸지? 자, 출발합니다."

"응, 벨트 맸어. 얼마나 걸려? 차 안 막혀서 금방 가지?"

옆자리에 앉은 이는 옆집에 사는 그의 이웃이었다. 매일 아침 7시
20분, 현관문을 열고 출근하는 길. 그는 옆집의 그녀와 함께 엘리베
이터를 탄다. 잠깐의 이야기를 나누고 다녀오겠노라, 인사를 나누고
헤어진다. 채 3분이 되지 않는 시간에도 많은 정보를 주고받는다. 그
날의 대화도 여기서 벌어졌다. 그러니까 그가 아이도, 아내도 없이
하룻밤 여행을 가게 되었다는 소식을 전한 아침, 그녀는 바로 물었

다. "나도 같이 가면 안 돼?"

그는 당황했다. 어쩔 줄 몰라 얼굴부터 달아올랐다. '된다 안 된다'를 떠나 아이를 데리고 가게 될 수도 있다, 어떻게 될지 확실히는 모르겠다, 되는대로 얼버무리고 자리를 떠났다. 아내에게 전화를 걸었다. 아내는 말했다. 같이 가도 되는 여행이라고, 꼭 다녀오라고. 그녀는 62살 엄마와 38살 아들의 여행을 지지해 주었다. 38년 동안 단 한 번도 가져보지 못했던 둘만의 시간, 고작 하룻밤이라도 아들과 함께 여행을 하고 싶은 시어머니의 마음이 그녀 가슴에도 애달프게 박혔다. 시어머니가 시아버지를 먼저 떠나보내고 지나온 13년의 세월도.

이 여행에서 '진짜' 중요한 건

태어나 처음인 엄마와 아들, 둘만의 여행은 잠잠하게 흘러갔다. 그들은 13년 전 세상을 떠난 그녀의 남편이자 그의 아버지가 몰던 차를 타고 용문산관광단지에 도착했다. 그의 아버지가 5년을 운전하고 그가 이어받아, 13년째 몰고 있는 자동차는 이곳저곳에서 앓는 소리를 내는 중이었다. 밖에서는 조수석의 문도 열리지 않았다.

그는 좀처럼 열 일이 없었던 조수석의 문을 차 안에서 힘껏 손을 뻗어 열었다. 그런 그를 보며 그녀가 말했다. 이제 이 차는 그만 타라고, 새 차를 사는 게 어떻겠냐고. 여러 가지 이유로 아직(아니 여전히)

이 차를 버릴 수 없는 그는 자신의 마음과 상관없이 알겠노라고 대답했다.

용문산관광단지 내에 위치한 〈카페옥이네〉는 차를 마실 수 있는 카페와 책을 구입할 수 있는 동네 책방, 단 한 팀만을 받는 북 스테이 숙박시설을 운영하고 있었다. 입실 시간에 맞춰 도착한 그들은 독채이자 복층으로 된 공간에 들어섰다. 다양한 책과 용문산의 맑은 공기, 푸르른 풍경이 어우러진 풍경 앞에서 연신 감탄사를 내뱉었다.

그는 깔끔하고 예쁜 실내에 놀랐다. 여기 왔어야 했을 아내에게 보낼 사진을 열심히 찍었다. 그는 맡은 바 의무가 있다며 호기롭게 카페에 들어섰다. 책방 곳곳을 보고 또 찍었다. 주택을 개조해서 만든 〈카페옥이네〉에는 판매 도서 외에도 많은 소장 도서가 방과 거실을 채우고 있었다. 아이들이 직접 그린 그림이 가득한 그림 책방, 영화 잡지와 80~90년대 레트로 감성이 담겨 있는 삼촌 방, 어린 시절 추억이 떠오르는 옥이 할머니 방.

그가 보내준 사진으로 책방을 감상한 아내는 마치 시간을 되돌려 어릴 적 할머니 집에 놀러 간 것 같은 분위기의 책방 큐레이션에 빠져들었다. 정작 그 공간에 있던 그는 짤막한 평만 남긴 채 밖으로 나갔다. "당신이 쓴 책은 하나도 없더라."

카페를 나선 그는 어머니와 초록빛 가득한 용문산관광단지의 산책로를 걸었다. 바로 옆에서 흐르는 물소리가 나지막한 배경음악이 되었다. 바람과 새가 노래를 더했다. 용문사에 도착해 1100년 이상이 되었다는 용문사의 명물, 은행나무도 보았다.

이미 여러 번 용문사에 와 봤던 그의 어머니에게 새로울 것은 하나도 없었다. 그러나 중요하지 않았다. 눈에 보이는 식당에 들어가 먹은 저녁 식사의 허술한 맛도 마찬가지였다. 어떤 여행은 눈에 보이는 풍경과 입에 들어온 음식의 맛 같은 건 아무래도 상관이 없다. 지금 이곳에 함께 있는 이의 존재가 중요할 뿐이었다.

다만 딱 하나, 그녀가 아쉬워 한 건 숙소에 텔레비전이 없다는 것이었다. 연속극을 볼 수 없는 밤이라니. 받아들이기 힘든 현실이었다. 그는 그녀를 위해 노트북으로 실시간 방송을 틀어주었다. 그녀는 노트북 앞에 앉아 빼놓을 수 없는 하루의 일과를 즐겼다. 그는 드라마를 보고 있는 그녀의 뒷모습을 찍어 아내에게 전송했다.

사진을 받아 본 아내는 울컥하고 치미는 감정을 숨길 수 없었다. 바로 옆집에 살면서도 주목해 본 적 없던 뒷모습이었다. 너무도 작고 가냘팠다. 비바람을 막아줘야 할 것만 같은 아기 나무에 가깝다고 여겼다. 하지만 그녀의 그늘은 울창했다. 38살 아들은 물론 며느리와 손녀도 그녀의 드넓은 그늘에서 자라났다.

익숙한 돌봄의 그늘에 흘려보냈을 시어머니의 뒷모습이 아내에게 오래도록 잊지 못할 장면이 되었다. 아니 오래도록 기억해야 할 장면이었다. 그녀의 그늘이 커다란 몸에서 절로 생기는 것이 아님을, 무엇이든 다 해낼 것만 같은 엄마도 아프고 괴로울 때가 많은 한 사람일 뿐이라는 것을. 이제는 잘 알지만, 부모 앞에서는 또 잊고 마는 진실을 품었다. 그의 아내는 그의 아이와, 그는 자기 어머니와, 둘둘씩 서로 다른 공간에서, 여느 날과 같지만, 여느 날과 같지 않은 밤이 흘러갔다.

여느 날과 같지만, 또 같지 않은 날

처음 와보는 북 스테이, 딱 하루만 머물다 가는 공간에서 맞이한 아침도 특별했다. 그는 여느 날처럼 숙소에 있는 컵라면을 먹었지만, 그 라면은 그가 일하는 편의점에서 먹는 컵라면과는 달랐다. 양평의 책방에서 어머니와 마주 앉아 먹는 아침의 컵라면이 여느 날의 것과 같을 수 없었다.

책방을 나선 그는 운전석 옆자리의 문을 열었다. 그녀는 차에 올라타며 다시 한번 탄식했다. 보기 흉할 정도로 벗겨지고 녹이 슨 차체에 눈살을 찌푸렸다. 그녀는 차를 꼭 바꾸라고 당부했다. 그는 그녀의 말을 배경음악 삼아 시동을 걸었다.

넉 달 전 가족들과 다녀왔던 춘천이면서도 그때와는 같지 않은 춘천으로 이동했다. 〈카페옥이네〉에서 멀어지는 그는 연신 뒤통수를 긁적였다. 아무리 대타 여행이라고는 하지만, 북 스테이 책방에 묵으면서 책 한 권 펼쳐보지 않은 자신을 향한 마음이 가닐가닐, 유난히 납작한 뒤통수로 올라왔다.

지난겨울 다녀온 춘천으로 향한 건, 춘천에 가고 싶다는 어머니의 말 때문이었다. 그들은 춘천의 랜드마크를 꿈꾸며 야심 차게 개장한 삼악산 호수 케이블카를 오픈 특가로 기분 좋게 탑승했다. 케이블카가 데려다준 전망대에서 몇 장의 셀카를 함께 찍었다. 그는 어색하게 웃었고, 그녀는 크게 웃지 않고도 빛이 났다.

그와 그녀는 그가 12월에 가족들과 함께 갔던 식당에서 똑같은 점심(닭갈비)과 디저트(자유빵집)를 먹었다. 순식간에 비운 그릇을 반납하고 다시 차를 타고 돌아왔다. 누군가에게는 특별할 게 없을 지극히 평범한 하룻밤의 여행. 고작 1박 2일의 시간이었다.

집 앞에 도착한 그녀는 그가 열어준 문으로 내리며 그의 눈을 바라봤다. 그리고 당부했다. 강조하고 또 강조했다. "슬기한테 고맙다고 전해 줘. 내가 정말 고맙다고, 많이, 많이… 정말 많이 고맙다고. 꼭 전해줘."

그는 전달했고, 아내는 울먹였다. 이런 인사를 받아야 할 사람은 그녀가 아니었다. 전해 듣는 인사만으로도 목이 메는 감사를 받아야 할 대상은 여행 그 자체이자 여행이 불러오는 일상의 균열, 예측할 수 없음이었다. 그녀가 자신과 맞지 않는다고 생각해 왔던 것, 절대 가까워질 수 없다고 여겨왔던 것.

그녀에게 여행은 언제나 조금 멀리 있었다. 일상성에서 벗어난 하루보다 매일 반복되는 하루의 항상성을 좋아했다. 그리고 여행은 예측할 수 없는 상황보다 더한 것들을 선사했다. 상상하지 못한 화성으로 변주를, 그를 위한 여행을, 아니 그의 어머니를 향한 선물을, 그녀가 사랑하는 이들에게 결코 잊지 못할 하룻밤의 빛나는 추억을.

그녀는 이번에도 새롭게 배웠다. '떠나지 않음'에서 여행이 시작될 수도 있음을. 일부러 쓰라고 해도 이보다 극적일 수는 없을 듯한 변주 앞에서 그녀는 찬양했다. "오오, 여행이시여! 그대가 선사하는 일상의 균열을 기꺼이 받아들이겠습니다. 뜨겁게 누려보겠습니다!" 떠나지 못함이 불러온 떠남은 떠남을 향한 애정에 더 큰 불을 지폈다. 한층 더 가벼워진 걸음으로 5월을 향해 걸어갔다.

Tip

양평

<카페옥이네>의 입실은 오후 3시, 퇴실은 오전 11시로 북 스테이 이용객은 <카페옥이네>의 모든 식음료 20%, 도서 10%를 할인받을 수 있다. 오전 10시부터 오후 6시까지 영업한다. 영업시간 이후에는 판매 도서를 제외한 책의 경우 북 스테이로 가져가 볼 수 있다. 화요일은 카페 영업 휴무. 월요일 숙박 손님만 북 스테이 퇴실 시간이 12시까지 연장(7, 8월 제외)된다.

카페옥이네

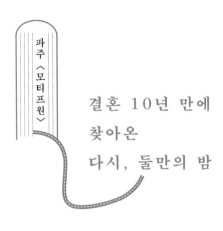

결혼 10년 만에
찾아온
다시, 둘만의 밤

코로나가 휩쓸고 간 4월이 지나고 찾아온 5월은 '파주 방문의 달'이었다. 코로나에 걸릴 거라고는 생각지도 못했던 3월에 잡아둔 3회차 강연이 매주 토요일, 파주 행복어린이도서관에서 열렸다. 여전한 코로나 후유증으로 왕복 4시간의 이동을 감당할 수 없었던 나는 특단의 조치를 강구했다. '강의가 있는 토요일마다 온 가족이 함께 길을 나서자!' 전에도 여러 번 꺼내 썼던 이 카드는 이름하여 강연지로 떠나는 가족 여행. 이동의 어려움은 남편이 운전하는 차의 뒷자리에서 멀미약을 먹고 자는 것으로 해결하고, 강연으로 인한 긴장과 피로는 강의가 끝난 후 합류한 가족과의 시간으로 풀어주는, 그야말로 슬기를 위한 맞춤 작전, 이보다 슬기로울 수 없는 대책이었다.

잡을 수밖에 없는 제안, 이건 놓칠 수 없지!

"이번 주에는 어디로 탐험을 떠나볼까? 일단 지난주에 발견한 카페에서 망고 빙수는 먹고 시작해야겠지?" 차로 1시간이면 도착하는 파주는 1박 없는 나들이로 함께 했다. 내가 간만의 대면 강의를 즐기는 동안 남편과 아이는 파주의 골목을 누볐고, 강의가 끝나면 둘이 걸었던 길을 셋이 되짚어 걸었다. 두 번의 토요일을 지나 어느새 파주에서의 마지막 토요일을 앞두었을 때, 남다른 마무리를 계획했다. 5월의 마지막 토요일은 셋이 아닌 둘만 집으로 돌아가기. 5월의 키워드가 파주가 된 김에 북 스테이 여행까지 파주로 맞춤 설정을 해둔 나는 강의 후 혼자 여행을 시작하고, 남편과 아이만 집에 돌아와 둘만의 주말을 보내기로.

마지막 강연을 일주일 남겨둔 날, 전화가 걸려 왔다. 몸은 좀 괜찮아졌냐며 안부를 묻던 엄마는 우리의 주말 일정을 듣자마자 말했다. "그럼, 하윤이는 두고 강 서방이랑 둘이서 다녀 와. 하윤이는 우리 집에서 하루 자면 되잖아~ 이참에 둘만의 여행도 다녀오고, 하윤이는 할머니 할아버지랑 놀면 좋지 않겠어? 하윤이한테 한 번 얘기해 봐."

그렇게 남편과 둘만의 여행 기회가 덩그러니 눈앞에 떨어졌다.

2012년 2월 25일 결혼식을 올리고 신혼여행을 하고온 뒤 보름 만에 임신한 우리에게, 결혼 후 둘만의 여행은 존재할 수 없는 것이었다. 감히 엄두를 낼 수조차 없었다.

아이는 1초의 고민도 없이 "어! 그럴래!! 나 할머니 집에서 잘래!" 반겼다. 그러니 어쩌겠는가. 나 혼자 하는 여행으로 1년 열두 밤을 보내겠다 계획해 놓은 여행의 콘셉트는 '에라 모르겠다' 뒤로 하고 '덥석!' 이 기회를 잡을 수밖에.

10년 만에 떠난 둘만의 여행

둘이 가는 여행은 다른 자리에 앉는 것으로 시작했다. 카시트에 앉은 아이 옆이 아닌 운전석 옆자리는 대체 얼마 만인지. 탁 트인 창으로 바라보는 풍경이 시원했다. 오랜 시간 엉덩이를 깔고 앉아 줄 사람이 없었던 자리의 시트가 푹신했다. 나는 그 편안함에 몸을 더 깊이 묻었다. 빈자리일 수밖에 없었던 이 자리의 10년을 생각했다. 아이 옆일 수밖에 없었던 10년, 우리가 지나온 10년. 그렇게 꼬박 10년을 지나 오늘 다시 앉은 이 자리는 이제 다시 채워질 수 있을까? 앞으로의 10년이 그런 시간이 될 수 있을까? 그의 손을 가만히 잡았다.

조용히 달려 파주에 도착했다. 잠깐의 이별이자 각자의 시간 -나는 도서관 강의를, 그는 도서관 근처에서의 산책 - 을 보내고 다시 만나 저녁을 먹었다. 아이가 없는 밥상은 기승전 '아이', 아이가 없어서 더 아이로 가득한 밥상이 되었다. 아이가 좋아하는 등심 숯불구이가 적힌 메뉴판을 보자마자 "어! 하윤이도 잘 먹겠다.", "그러게! 하윤이랑 같이 왔으면 계란찜도 추가해 주면 좋겠는데?" 입을 맞추고, 식당을 나서면서도 입을 모아 말했다. "다음에는 하윤이도 데리고 오자, 하윤이가 좋아할 것 같아."

헤이리 예술마을의 북 스테이 〈모티프원〉은 글 쓰는 아버지와 연기하는 딸이 함께 꾸려가는 공간으로 객실마다 충분한 양의 도서가 비치되어 있다. 만사천 여권의 책이 구비된 서재를 스테이하는 동안 자유롭게 이용할 수 있다. 나는 무엇보다 '여행과 음악, 디자인, 사람 내면의 풍경을 글과 사진으로 담는 아버지'와 '영화와 연극을 통해 인생을 해석하는 딸'이 운영하는 게스트하우스라는 게 매력적으로 느껴졌다.

여기가 출입문이 맞나 갸웃거리며 철문을 열고 들어간 우리를 주인장이 반겨주었다. 보자마자 '아! 연기를 한다는 딸이구나!' 느낌이 왔다. 공간 소개를 읽으면서 느꼈던 매력이 통통 그대로 전해졌다. 공간지기님은 1인으로 예약을 해놓고 덜렁 둘이 온 우리를 환대해 주었다. 예정에 없던 1인을 위한 물품을 빠르게 준비해 주셨다. 우리는 '예술인들의 작업공간'이라는 소개가 너무도 잘 어울리는 공간을 둘러보며 손을 맞잡았다. "와아! 너무 멋진데?!"

모티프원에서 고른 한 권의 책

블루, 화이트, 미러, 우드, 블랙. 5개의 방 중 우리가 묵을 '블루' 룸은 1층에 있었다. 방으로 들어가는 공간에도 책이 가득했다. 장서의 대부분은 당연히 오래된 책일 거라고 지레 생각했던 내 예상이 기분 좋게 빗나갔다. 책장 곳곳에는 한 번도 펼쳐보지 않은 것 같은 새 책과 출간된 지 얼마 안 된 신간들이 긴 세월을 담고 있는 책들과 함께 어우러져 있었다. 책장에 꽂혀 있는 책은 물론, 책장 앞에 무더기로 쌓여 있는 책들까지, 〈모티프원〉에 있는 책들은 그 어떤 분류나 체계 없이 자유로운 무질서의 상태로 존재하는 듯했다. 도서관의 체계적인 십진 분류나 동네 책방의 주제별 서가에 익숙한 나에겐 그 혼돈이 새롭고 신선했다.

"우리 여기서 읽고 싶은 책을 골라보자. 자기도 한 권 골라봐!"

사이좋게 한 권씩 골라 책을 읽어보자는 나의 제안에 그가 신중히 서가를 오고 갔다. 서가에는 인문, 철학, 과학, 경제, 역사, 예술, 다양한 분야의 책은 물론 고전과 신간, 연재물과 독립출판 서적까지 드넓은 세계가 펼쳐져 있었다. 나는 오늘 이 밤과 딱 어울리는 제목의 책,《도란도란-그날 우리가 나눈 다정한 대화들》을 꺼내 방으로 가지고 들어왔다가, 블루룸 책상 위에 꽂혀 있던《아내의 시간》을 보고 변덕을 부렸다. '13년의 별거를 졸업하고 은퇴한 아내의 집에서 다시 동거를 시작한다'는 작가의 말이 호기심이 일었고, 책 속의 주인공인 그 '아내'와 내가 지금 이 순간, 여기 〈모티프원〉에서 긴밀하게 연결되어 있었기 때문이다.

"자기야, 이 사진 좀 봐 봐. 우리 아까 뵀던 분이랑 정말 똑같지 않아? 이 책을 쓴 저자 '이안수'가 바로 여기 〈모티프원〉을 만들고 운영해 온 아버지야. 아내가 서울에서 직장생활을 하느라 13년간 헤이리랑 서울에서 떨어져 살다가 아내가 은퇴를 하면서 다시 아내 집에 들어가서 함께 살고 있대. 그래서 여기는 아까 우리가 만났던 분, 딸이 운영하는 거고~ 우와, 근데 젊었을 때 엄마 얼굴이랑 딸이 그대로지 않아? 너무 신기하다. 하윤이랑 나도 이렇게 닮았나?"

《아내의 시간》은 각자의 사정에 따라 별거를 선택했던 부부가 다시 한집에서 동거하며 펼쳐지는 이야기를 직접 찍어 온 사진들과 함께 엮은 책이었다. 한 남자와 여자가 무려 43년을 함께 하며 찍은 사진과 세월이 담겨 있다는 사실만으로도 흥미진진한데, 그 이야기의 주인공이 바로 이 공간을 운영하는 이안수 촌장 부부라니! 오늘 밤 읽기에 이보다 적절한 책을 찾을 수 없을 거란 확신에 책장을 펼치자마자 정신없이 빠져들었다. 이번 달에도 나는 역시 이 공간을 둘러싼 역사를 알아가는 방법으로, 공간지기와의 직접 대화가 아닌 책 읽기를 선택했다. 이보다 생생할 수 없는 역사의 한복판에서 읽는 독서의 맛은 강렬했다.

곁에서 다른 책을 읽고 있는 그에게 자꾸 말을 걸며 내가 읽고 있는 책 이야기를 늘어놓았다. 잔뜩 흥분해 마구 쫑알대는 나의 이야기를 흥미롭게 들어 준 그는 자신이 읽고 있는 책에 대한 이야기로 화답했다. "이 책도 재미있어. 너무 신기해! 어쩜 표현하기도 애매하고 곤란한 사람의 마음을 이렇게 이야기할 수가 있지? 당신이 왜 그렇게 책이 좋다고 했는지 잘 알겠어. 정말 신기허다잉~~~"

둘만의 밤, 신기한 밤

세상에나, 그가 책을 읽다니. 우리가 나란히 앉아 책을 읽다니, 책에 대한 이야기를 나누다니! 6년의 연애와 10년의 결혼 생활을 하며 우리가 지켜온 것이 있다. 서로의 다름을 인정하기, 있는 그대로 수용하기. 우리만의 원칙이자 우리가 지속해 온 태도였다. 원칙 아래 취미와 여가는 각자의 것으로, 나는 내가 좋아하는 것(책 읽기)을, 너는 네가 좋아하는 것(게임)을 했다. 그 행위를 일치시켜 보고자 욕망하지 않았다. 그런 우리에게 이 밤은 너무도 신기했다. 한 권씩 골라 든 책과의 인연도, 그 책 속에 담겨 있는 이야기도, 그 책을 함께 읽고 있는 이 순간의 공기도, 우리 자신도.

그는 박완서 선생님의 단편집《친절한 복희씨》를 읽었다. 왜 그 책을 골랐냐는 나의 물음에 그는 대답했다. "당신이 읽을 때마다 감탄했던 작가잖아. 읽고 있으면 정화가 되는 문장들이라고. 군더더기라고는 하나도 없는 문장들이 막힘없이 부드럽게 흘러가는 데, 울컥울컥 마음을 붙잡는다고. 이 책 정도는 내가 기억하지! 슬기가 그렇게 좋아했는데~"

30대는 야근, 40대는 유학, 50대는 별거, 2시간의 식사 시간에 도달하기 위해 저희 부부에게 35년의 시간이 필요했습니다.

— 이안수, 《아내의 시간》 중에서

같은 초등학교의 같은 반 친구로 만나 스물한 살에 연애를 시작해 20대의 끝자락에 결혼을 한 우리가 나란히 앉아 2시간 함께 책을 읽는 데까지 걸린 시간은 언제부터 세어야 할까? 우리가 처음 만난 아홉 살부터 헤아려 봐도 까마득하다. 출판사에서 기자와 편집장 생활을 하며 사진을 찍고 글을 쓰다가 예술가와 여행자를 위한 북 스테이 〈모티프원〉을 짓고 운영해 온 남편 이안수와, 종합병원에서 신생아를 돌보던 아내 강민지가 2시간의 식사 시간에 도달하기까지 필요했다는 35년에 비하면 턱없이 짧다. 앞서간 선배 부부의 이야기 위로 우리가 함께 해 온 시간이 겹쳐졌다. 대학입시와 군 생활, 진로에 대한 고민과 첫 번째 직장, 출산과 독박 육아, 산후우울증, 그 시간을 함께 견뎌내며 선택했던 두 번의 퇴사와 이직, 그리고 시작한 편의점까지.

이십 대 초반에 아내를 만나 '지배하거나 복종하지 않고도 무엇인가 이룰 수 있는 사랑을 시작했다'는 촌장 부부의 이야기처럼, '강요하거나 소망하지 않고도 무엇인가 이룰 수 있는 사랑'이 우리를 둘러쌌다. 2시간 조용히 책을 읽은 우리는 바스락거리는 이불 아래 서로의 몸을 가만히 끌어안았다. 상대의 체온이 전해주는 따스함에 대책 없이 녹아내렸다. 아무것도 걸치지 않은 맨살의 보드라움에 아찔하게 빠져들었다. 더없이 조용하지만, 그 어떤 소리 없이 뜨거운 밤이 어스름한 달빛 아래 흘러갔다. 181cm인 그가 책상 위에 올라가 손을 뻗어야 겨우 닿는 천장에서부터 시작하는 커다란 통창에 비친 나무 그림자를 바라보며 까무룩 잠이 들었다. 한 침대에 나란히 눕고 앉아 책 읽기로 시작한 그날의 밤은 우리의 또다른 첫날 밤이었다.

믿을 수 없는 일은 계속해서 벌어지고

은은한 달빛을 전해주던 통창에 아침 해가 떠올랐다. 아직 자는 그가 깰세라 조심조심 옷을 갈아입고 밖으로 나왔다. 여섯 개의 야산 사이 계곡 지형에 자리를 잡았다는 헤이리의 아침은 새와 함께였다. 〈모티프원〉을 나서자마자 새 소리가 가득히 밀려왔다. 어느 골목을 걸어도 3중주, 아니 5중주를 넘나드는 선율이 이어졌다. 코로나 후유증에 파주로 이동하며 쌓여 온 피로까지 겹쳐 온몸이 천근만근, 좀처럼 속도가 나지 않았지만, 이어폰을 꽂지 않아도 들려오는 음악에 맞춰 천천히 예술인마을 골목을 걸었다.

30분 남짓 걷고 돌아오니, 그가 벌써 일어나 씻고 노트북으로 일을 하고 있었다. 주말에는 9시 전에 일어나는 법이 없는 그가 혼자 일어나 일을 하고 있다니! 생각지도 못한 모습에 놀라 왜 벌써 일어났냐고 묻는 나에게 그는 슬기랑 브런치를 먹으러 가려고 일찍 일어났다며 자랑스레 말했다. 우리는 헤이리 마을을 걸어 브런치 카페의 문을 열고 들어갔다. 아침 9시, 둘만의 브런치를 먹으며 시작하는 우리의 첫 번째 일요일이었다.

제일 일찍 문을 연다는 이유로 찾아간 〈컴프에비뉴〉. 500평의 드넓은 공간이 전 세계 디자이너들의 가구들로 채워져 있었다. 마치 쇼룸처럼 꾸며진 2층을 둘러본 후 작가의 서재 컨셉으로 꾸며진 1층에 자리를 잡았다. 갓 구워진 빵으로 가득한 진열대를 두 번, 세 번 돌고 또 돌며 먹고 싶은 빵을 고르고, 브런치 메뉴 하나를 함께 주문했다. 계산 직후 바로 나온 빵과 커피는 물론, 이보다 호사스러울 수 없는 플레이팅으로 나온 브런치의 맛까지 모두가 훌륭했다. 뱃속 깊은 곳에서부터 만족감이 솟구쳤다. 얼음이 가득 담긴 아이스 아메리카노를 마시고 있으면서도 잠이 덜 깬 듯, 우리가 이 시간에 이렇게 근사한 공간에서 이토록 여유로운 아침을 즐기고 있다는 것이 꿈만 같았다. 그리고 그보다 더 꿈 같은 현실이 곧 펼쳐졌다.

내 앞에 앉아 브런치를 즐기던 그가 일어나 카페의 한쪽 벽면을 가득 채우고 있는 책장 앞으로 저벅저벅 걸어갔다. 자리로 돌아온 그의 손에는 '야옹 야옹, 야옹 야옹' 그가 사랑하는 고양이의 울음소리가 크게 적혀 있는 동시집《안 괜찮아, 야옹》과《제4회 대산대학문학상 수상 작품집》이 들려 있었다. 두 권의 책과 함께 자리에 앉은 그는 문학상 수상 작품집을 펼쳐 단편소설을 읽기 시작했다. '오, 신이시여! 이것이 정녕 현실이란 말입니까?!'

"아니 당신이 웬일이야? 지금 이 모습, 실화입니까?! 세상에나 내 눈으로 보면서도 믿을 수가 없구만. 얼른 사진 찍어놔야겠다. 이건 역사의 현장이야!!!"

"올해 치 독서를 다 하는 거야 지금~ 이제 내년까지는 거뜬하겠지? 어제오늘 2년 치 독서 게이지가 다 채워졌어. 넘친다, 넘쳐! ㅋㅋㅋ"

사진을 찍으며 호들갑을 떠는 나에게 장난스럽게 대꾸하면서도 그는 펼친 책을 덮지 않았다. 계속해서 작품을 읽어 내려가며 소설 속 상황을 실시간으로 방송해 주었다. '아이고 세상에'를 중얼거리는 몰입으로 시작해서 '자기야 이것 좀 봐봐' 하는 공감 구하기를 거쳐 '어쩜 이럴 수가 있지?' 반문과 탄식으로 이어지는 문학 중계. 그는 평소 내가 그에게 늘 하던 것과 똑같은 패턴으로 단편소설을 들려주었다. 나는 그의 눈과 입을 통해 소설을 읽었다.

그의 몸과 입술을 거쳐 나온 글은 또 다른 글이었다. 몹시도 매혹적이었다. '이런 독서를 매일 할 수 있다면 나도 읽기보다는 듣기에 빠져들지 않을까?' 하는 생각이 저절로 들었다. 그의 목소리에 더 귀를 기울였다. 내가 좋아하는 소리였다. 나를 편안하게 만들어 주는 목소리. 일요일 아침, 둘만의 브런치가 잊고 있던 소리를 돌려주었다. 시나몬 향이 가득한 빵을 베어 물고 듣는 그의 목소리가 부드럽게 나를 감싸 안았다. 혀끝에서 맴도는 달콤함이 온몸에 퍼져 나갔다.

어쩔 수 없는 부부의 여행, 반전의 종착지는

11시, 퇴실 시간에 맞춰 〈모티프원〉으로 돌아와 짐을 챙겼다. 하룻밤 여행은 왜 이토록 빠르게 흘러가는지. 차에 짐을 싣고 느지막이 문을 여는 헤이리 마을을 더 걷고 누리자, 했으나 11살 아이를 키우는 부부의 관심사는 엉뚱한 데로 향했다. 전날 저녁 주인장님이 강력히 추천한 헤이리 마을의 음악감상실 〈카메라타〉에 가보자 했던 계획보다, 갑자기 더워진 날씨에 입을 옷이 마땅치 않은 아이의 여름옷을 사서 집으로 돌아가고픈 마음이 더 크고 급했다. 우리는 파주의 프리미엄 아울렛으로 달려갔다.

가격표를 확인하자 저 바닥까지 내려앉았던 기운이 솟아 올랐다. 집 근처에서는 구경만 하기도 부담스러운 브랜드의 옷들이 평소 구입하는 옷값보다도 저렴했다. 아침 산책을 할 때부터 물에 젖은 스펀지처럼 축축 처지는 몸 때문에 힘들었던 나는 잠시 사라졌다. 날랜 몸으로 옷걸이 사이를 누비며 마음에 쏙 드는 옷을 골랐다. 바람막이 점퍼와 원피스 두 벌, 투피스 한 벌. 마음 같아서는 더 많은 매장을 구경하며 우리 옷도 사고 싶었으나 아이에게 꼭 필요했던 옷을 손에 넣자마자 컨디션이 추락했다. 더 늦기 전에 집에 가야 한다는 초조함도 밀려왔다.

늦게까지 잠을 자지 않고 조잘거리는 아이와 함께 하루를 보내느라 지쳤을 부모님을 위한 먹거리를 가득 담아 빠르게 돌아왔다. 10년 차 부부의 여행은 그런 것이었다. 근사한 음악감상실도, 탁 트인 공원도, 우리 자식 예쁘게 입힐 옷을 사는 것보다 우선이 될 수는 없는 여행. 그게 못내 아쉽고 불만족스럽기보다는 그렇게 사 온 옷을 입은 아이를 볼 때마다 뿌듯함과 행복이 밀려왔다. 미처 즐기지 못한 곳들은 다음 여행을 위한 명분으로 적립해 두었다.

마지막까지 이어진 반전, 중요한 건 '순간'이야

여행지에서의 마법은 끝나지 않고 이어졌다. 〈모티프원〉을 다녀온 뒤 그는 그날 밤 다 읽지 못했던 책을 사달라고 부탁했다. 금방 도착한 책을 받아 든 그는 틈틈이 집에서 책을 읽었다. (아홉 편의 작품이 담겨 있는 302쪽 분량의 소설집을, 초고를 쓰는 2022년 7월 기준 벌써 두달 째 읽고 있지만) 어느 날 그가 말했다. '후남아, 밥 먹어라'를 읽다가 조금 울었다고. 한 사람, 한 사람의 이야기에 가슴이 아린다고.

그가 (이 글을 다듬고 있는 2022년 12월 기준 아직도 읽고 있는) 이 책을 과연 올해가 가기 전에 다 읽을 수 있을지 알 수 없지만, 아무래도 좋다. 우리는 나란히 각자의 길을 함께 걸어갈 뿐, 그 길을 하나로 포개고 싶다는 바람은 가져본 적 없던 내 길 위로 폴짝, 그가 올라섰다는 것. 중요한 건 바로 그 순간이었다. 그와 나의 길이 포개진 순간, 내가 사랑하는 길을 그가 걸어본 순간, 그 길을 걷는 즐거움을 잠시라도 함께 누려본 순간.

순간은 그 자체로 눈부셨다. 빈도와 무관하게 커다란 기쁨을 안았다. 지속시간과 상관없이 소중한 즐거움을 누렸다. 그리고 다시 걷는 우리의 길 위에 설렘이 피어났다. 두근거리는 마음으로 우리는 다시 걷고 있다. 다시 또 10년, 우리 앞에 펼쳐질 시간을 향해서. 언제 또 찾아올지 알 수 없는 순간을 기대하면서.

124

파주 〈모티프원〉

결혼 10년 만에 찾아온 다시, 둘만의 밤　　　　　　　　　　　125

파주

글 쓰는 아버지와 연기하는 딸이 함께 꾸려가는 예술마을 헤이리 북 스테이 <모티프원>의 주소는 경기도 파주시 탄현면 헤이리마을길 38-26. 나무가 많은 집 뒤쪽에 철로 된 현관문이 있고, <모티프원> 도어사인이 붙어 있는 철문 위로 덩굴 식물이 손을 뻗고 있는 바로 '그 문'을 열고 들어가면 된다. 체크인은 3시부터, 체크아웃은 다음 날 11시. 최대 4인까지 2인을 추가할 수 있는 스위트블랙 룸을 제외한 모든 방이 최대 2인으로 운영된다. 많은 책과 함께 조용하고 오붓한 시간을 보낼 수 있는 공간이다.

모티브원

가보지도 못한 장소를 추천하는 게 어처구니가 없기도 하지만 <모티프 원> 주인장님은 물론 다녀온 사람들 모두가 추천하는 헤이리 마을의 음악 감상실 <황인용뮤직스페이스카메라 타>를 (저희 대신 이 책을 읽는 여러분만 이라도) 다녀와 보시길 바라며 덧붙이는 정보이자 팁.

1970년대부터 약 40여 년간 라디오 디제이로 활약한 방송인 황인용이 수집한 1920년대 빈티지 오디오와 LP/CD 컬렉션을 기반으로 만들어진 클래식 음악 감상실로, 10미터의 높은 공간을 가득 채우는 아날로그 사운드 속에서 웅장하고도 고요한 나만의 시간을 경험할 수 있다. 일행과의 소란한 대화보다는 조용하고 차분한 분위기 속에서 책을 읽고 음악을 듣는 장소로 토요일 오후 7시에 클래식 공연이 열리기도 한다. 공연 일정 및 자세한 사항은 <카메라타> 블로그에서 확인하시기를.

📍 황인용뮤직스페이스카메라타

다음에 혼자 헤이리 마을을 간다면, 헤이리에 위치한 인문 서점 <한길 북하우스>에 방문하고 싶다. 집에 돌아와서야 검색을 해 알게 된 이곳은 1층부터 3층까지 책시렁이 이어지는 책의 숲길이 있으며, 북카페 <나인블럭>과 1976년 창립한 한길사가 마련한 <한길책박물관>이 함께 있다. 북카페 <나인블럭>은 높이 6미터, 길이 20미터의 책꽂이로 이루어진 벽 앞에서 책과 함께 차를 마실 수 있으며 <한길책박물관>에는 귀스타브 도레, 윌리엄 터너 등 유명 예술가의 화집과 17~19세기 유럽 고서가 전시되어 있다고. 매주 월요일은 쉰다.

📍 한길 북하우스

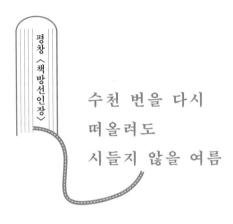

수천 번을 다시
떠올려도
시들지 않을 여름

코로나에 걸려 떠날 수 없었던 4월을 지나 남편과 함께한 여행은 감동 뭉클 행복 그 자체였다. 정말 그랬다. 그런데, 그만큼 나 홀로 여행도 절실해졌다. 낯선 거리를 걷던 내가 그리웠다. 나 혼자 마음껏 걷고 싶었다. 상대를 얼마나 사랑하느냐와 별개로 상대가 '없는' 여행의 맛을 알아버렸다. 내가 원할 때, 내가 원하는 만큼, 그저 조용히 걸을 때의 나는 보다 자유롭고, 가볍고, 산뜻했다. 푸르른 신록이 눈부시게 빛나는 6월, 혼자 가보고 싶은 곳이 많았다. 싱그러운 초록을 머금은 곳들이 쏟아졌다. 하지만 내 몸은 여전히 코로나 감염 후유증에 시달리는 중이었다. 미열이 지속되다가, 조금만 무리해도 38도가 넘는 고열이 찾아왔다.

여러 개의 지도 앱을 고루 검색했다. 이동 수단과 소요 시간을 탐색해 내 몸이 감당할 수 있는 경로의 장소를 골랐다. 우리 집에서 지하철을 타고 7개 역을 이동한 뒤 내 몸이 가장 편안해하는 KTX를 타고 1시간 10분만 가면 도착하는 곳, 시원한 바람을 맞으며 울창한 숲길을 걸을 수 있는 곳을 찾았다. 출발 전 확인한 체온은 36.9도. (와우!) 숫자를 보자마자 '이게 웬일이야' 환호가 터져 나왔다. 해열제를 먹어도 떨어지지 않던 미열조차 없는 최상의 컨디션이었다.

내려간 체온만큼 가뿐한 몸으로 움직였다. 강릉행 KTX를 타고 진부(오대산)역에 도착했다. 부슬부슬 내리던 비가 그치고 구름만 자욱한 대관령의 하늘 아래 평창 올림픽의 마스코트였던 수호랑과 반다비가 나타났다. 반다비의 깜찍한 안내를 받으며 수호랑의 활기찬 발걸음을 따라 걸었다. 비가 내리다 그친 날씨 덕에 체감 온도도 맞춤이었다. 진부역에서 하진부5리 정류장까지 1.3km를 걸어 월정사로 가는 농어촌버스를 탈 계획이었다.

귀하디귀한 농어촌버스가 알려드립니다

16분이라는 버스 탑승 소요 시간을 걱정하며 정류장에 거의 다 도착했을 무렵, 내가 타야 할 버스가 도로 위를 달려왔다. 저 멀리에서 여기 앞으로, 버스는 점점 가까워지는데 이상하게 정류장이 보이지 않았다. 분명 이 근처가 하진부5리 정류장인데, 탑승 장소를 알려주는 표지판 하나가 없었다. 우물쭈물 보이지 않는 정류장 표지를 찾는 사이, 버스가 휑하니 나를 스치고 지나갔다. 눈앞에 보이는 버스를 향해 일단 손을 번쩍 들어 "저요! 저요! 저 좀 태워주세요!"를 외치는 대신, 정류장이 아닌 곳에서 버스를 타려 하면 안 된다는 시민의식이 우선 발동해 정류장의 위치 파악에 집중하는 사이 버스를 놓친 것이다.

그렇게 떠나버린 버스의 하루 운행 횟수는 다섯 손가락을 넘지 않았다. (맙소사) 알고 보니 내가 찾던 정류장의 표지 같은 건 애초에 없었다. (이럴 수가!) 반대편의 도로에는 비와 햇빛을 막아주는 차광막과 의자까지 설치된 승차대가 있는데, 바로 맞은편의 도로에는 승차대는커녕 '버스'라는 단어가 적힌 표지판 하나 없다니, 그냥 손을 들어 "저 좀 태워주세요!"를 외쳤어야 했다니! 이 상황을 도저히 믿을 수 없어 다음 정거장까지 한 정거장을 쭉 걸어가며 표지판을 찾아보았지만, 번듯한 정류장은 역시 반대쪽에만 존재했다. 눈으로 확인하면서도 어안이 벙벙하여 마구 검색해 본 나에게 나무위키는 말해주었다. "시골 버스정류장에는 아예 정류장 표기도 없고 마을 주민들만 버스가 서는 위치를 알고 타는 경우도 있어 배낭여행을 비롯한 단독여행을 할 때는 주의가 필요하다."

이 버스를 못 타면 다음 버스를 타면 되지, 같은 여유는 대중교통이 넘쳐흐르는 서울에서나 가능한 것이었다. 어떤 기회는 다음을 기약할 수 없다. 간절함으로 붙잡아야만 했다. 내가 지금 놓쳐버린 농어촌버스처럼 지금껏 놓쳐온 기회들은 무엇이 있을까? 앞으로의 내가 놓치지 말고 붙잡아야 할 기회들은 무엇일까? 아무도 없는 반대편의 정류장에 앉아 30분쯤 넋을 놓고 생각하다 정신을 차리고 휴대전화를 꺼냈다. 사라져 버린 옵션 A 대신 옵션 B를 선택할 차례였다.

또 다른 기회를 호출했다. 가고자 하는 마음만 있다면 놓쳐버린 기회쯤이야 언제든 대안을 만들 수 있다. 평소에는 가장 기피하는 수단이지만 응급상황에서는 꺼낼 수밖에 없는 카드. 이번에도 2분 만에 날아온 엄청난 속도의 카카오 콜택시를 타고 순식간에 월정사에 도착했다. "여기가 전나무숲길 시작 지점이니까, 쭉 따라서 걸어보세요." 친절한 기사님 덕분에 바로 전나무숲길로 들어섰다.

전나무숲길은 행복을 타고

오대산 전나무숲길은 월정사의 일주문부터 금강교까지 이어지는 약 1km의 숲길이다. 광릉 국립수목원과 변산반도국립공원 내소사와 더불어 한국 3대 전나무숲으로 꼽힌다. 드라마 '도깨비'의 촬영지로도 잘 알려져 있다. 드라마에서는 도깨비(공유)와 도깨비 신부(김고은)가 서로 사랑을 확인하는 장면이 눈 내린 전나무숲에서 촬영됐고,

푸른 전나무 위에 하얀 눈이 내려앉은 전경이 일품이라고 한다(택시에서 알게 된 사실이다).

그리고 내 눈 앞에 펼쳐진 6월의 숲길은⋯ 예술이었다. 울창하게 우거진 나무들이 하늘 위로 쭉쭉 뻗어 있는 높이에 탄성이 터져 나왔다. 바로 옆에서 흐르는 오대천이 시원한 물소리를 더해 주었다. 월정사 전나무숲길은 사람이 가장 행복을 느끼는 해발 700m 위치에 있어 더욱 특별하다는데. 숲길에 들어서자마자 밀려오는 충만함에 끙끙 앓는 소리가 절로 났다. 내가 지금 여기 이곳에 있다는 것만으로 몸서리가 쳐지는 행복이라니, 나조차도 믿을 수가 없는 편안함이었다.

주말이었는데도 길은 한적했다. 모두가 마스크를 벗고 푸르른 공기를 들이마셨다. 일주문에서 성황각을 지났다. 2006년 10월 23일 밤에 쓰러지기 전까지 전나무숲에서 가장 오래된 전나무였다는 할아버지 전나무를 만나고 월정사에 이르렀다. 월정사는 1400년이라는 역사를 담고 있는 관동지방의 대표 사찰로 다수의 국보와 보물을 지니고 있다. 내가 방문했을 때는 보수 공사 중이라 제대로 감상하기 힘들었던 팔각 구층 석탑의 위용이 아니어도, 산을 감싸고 있는 다섯 봉우리가 연꽃 모양을 이루고 있다는 오대산 깊은 곳에 자리한 산사는 어디를 봐도 울창한 나무와 하늘이 어우러진 절경을 선사했다. 시야에 닿는 곳 모두가 그림이었다.

월정사에서 상원사로 올라가는 큰길에서 오대천을 가로지르는

지장교를 건넜다. 비밀의 숲 같은 오솔길이 이어졌다. 마음 같아서는 상원사까지 걸어가고 싶었으나 편도 9km라는 거리를 확인하자 몸이 절로 상원사 반대쪽으로 움직였다. 왼쪽 길을 따라 걷자, 남대지장암이 나타났다. 나 말고는 누구도 없는 산속의 암자였다. '이곳은 참선/정진하는 곳이니 조용히 참배하여 주십시오.'라는 표지판이 고요를 더했다. 안 그래도 적막한 암자 앞에서 더 얌전히, 내 발아래에서 부딪히는 자갈 소리마저 조심스러워지는 걸음으로 가만히 서서 불상을 바라봤다. 자연 속에서 살아가는 삶의 고요가 바로 이런 걸까? 아주 잠시지만 자연과 어우러진 삶이 주는 고요를 안고 자분자분 월정사로 돌아왔다.

커 피 VS 전 통 차 , 나 의 선 택 은 ?

월정사 안에는 커피 선문점 〈난다나〉와 전통차를 주메뉴로 하는 전통찻집 〈청류다원〉이 나란히 있다. 월정사까지 왔으니 전통차를 마셔야 하지 않겠냐고 내 안의 목소리가 있었지만, 아이스 아메리카노를 향한 욕망이 승리했다. 〈난다나〉의 문을 열었다. 커피 한 잔이 충전해 준 에너지로 월정사에서부터 금강교까지 꼭 절반 남은 전나무숲길을 이어 걸었다. 이 길을 더 편안하게 걷고 싶어 노트북을 집에 두고 온 건 탁월한 선택이었다. 갈아입을 옷가지 몇 개만 넣어 온 가방은 내가 입고 온 조거팬츠만큼이나 가벼웠다.

　이스라엘 탁텔 원사를 사용해 땀이 나도 달라붙지 않는 기능성 팬츠, 218g밖에 나가지 않는 여름 운동복으로 무장한 나는 거칠 것이 없었다. 금강교에서 다시 일주문으로 이어지는 순환로를 한 바퀴 더 걸었다. 흙길을 내딛는 나의 걸음과 눈앞의 나무가 전부인 시간이 흘러갔다. 간간이 달려와 인사를 건네는 다람쥐들을 몇 번 만나고 나니 어느새 오후 2시가 넘어갔다. 무언가를 좀 먹어야겠는데 이대로 밥을 먹으러 내려가긴 아쉬워 다시 월정사 앞으로 갔다. 2시간 전 〈난다나〉에 밀린 〈청류다원〉의 문을 열었다. '오늘의 점심은 전통차, 너로 정했다!'

　월정사의 분위기와 어우러지는 한옥 건물의 〈청류다원〉은 베이지와 그린 톤의 따뜻하면서도 세련된 인테리어에 테라스까지 갖추고 있었다. 안팎을 돌아다니며 온갖 자리에 다 앉아 본 뒤, 계곡으로 흐르는 물소리가 들리는 테라스에 자리를 잡았다. 제아무리 멋진 인테리어도 자연 그대로의 아름다움을 넘어설 수는 없는 법. 밖으로 나오니 주문해서 받은 오미자차의 붉은빛이 기다렸다는 듯 제 색을 더욱 뽐냈다. 아찔하게 선명한 다홍을 즐기며 마셨다. 시원하게 불어오는 숲속의 바람, 그 바람에 흔들리는 나무들의 다채로운 초록, 혀끝에 전해지는 오미자차의 새콤한 맛.

　그 어떤 음악도, 할 일도 없이 자리에 앉아 즐겼다. 여기가 나의 성소가 될 거라는 확신이 밀려왔다. 마음이 지치고 곤할 때 쉬어 갈 곳,

다시 일어날 힘을 받아 갈 곳, 언젠가 모든 것에서부터 도망치고 싶은 순간이 올 때 찾아갈 곳. 든든한 뒷배가 생긴 기분에 안도감이 몰려왔다. 기쁨을 안고 머물다가, 가벼워진 마음으로 사뿐사뿐 오대산에서 내려왔다. 전나무숲길에서 주차장을 지나 오대산 산채 백반 거리로 내려오는 길은 바람과 함께였다.

나만의 성소를 지나, 바람의 길을 따라

인적 없는 길을 걷는 내내 다정한 친구가 되어 주었던 태양이 비구름 뒤에 모습을 감추고 있어도 괜찮았다. 외롭지 않았다. 전나무에서 자작나무로 이어지는 숲길은 내게 끊임없이 말을 건넸다. 강원도 평창 진부면의 바람은 웅장했다. 세차게 강렬하면서도 거칠지는 않았다. 오히려 부드럽고, 은근히 섬세했다. 커다란 목소리로 나를 부르면서도 내 얼굴을 사납게 스치지는 않았다. 묵직한 음악이 흘렀다. 드높은 나무들이 크게 흔들렸다. 멈추지 않는 춤을 추며 소리를 더했다. 이 대지에 나와 숲, 바람만이 존재하는 듯했다. 그 무엇도 끼어들 수 없는 찰나의 평화로움에 가슴이 일렁였다. 잠시 서서 그 순간을 흘려보냈다.

산채 백반 거리로 내려와 다시 인간계로 들어갔다. 평창에 거주하는 현지인의 추천으로 찾아간 〈산들산채식당〉의 문을 열고 들어간 시각은 3시 50분. 일요일의 라스트 오더 16시까지 10분밖에 남지 않은 시간이었다. 점심을 거른 내 뱃속에도 자연이 필요했다. 자리를 잡고 가방을 내려놓은 후 서둘러 산채비빔밥을 주문했다. 직접 담근 장과 직접 채취한 나물, 직접 재배한 무공해 채소로 일 년 내내 향긋한 봄을 선사한다는 비빔밥. 푸짐한 나물은 물론 된장찌개에 손두부, 도톰한 호박전에 갖가지 나물 반찬들까지. 맛과 향, 무엇 하나 모자람이 없는 밥상이 순식간에 차려졌고 순식간에 사라졌다.

몸속까지 오대산으로 채워지자 바람의 길을 더 거닐고 싶었다. 식당에서 다음 행선지인 〈책방선인장〉까지는 14km. 대중교통으로 갈 방법은 없었다. 어차피 걷거나 택시를 불러야 했다. 소화도 시킬 겸 부담 없이 3km만 걸어가다 택시를 부르자. 흥얼흥얼 산나물로 가득 찬 뱃속의 포만감을 누리며 걸었다. 40분이 지나 '이 정도 규모라면 택시도 부를 수 있겠지?' 싶은 리조트 앞에 다다랐다. 하지만 카카오택시는 내게 말했다. '주변에 수락한 택시가 없습니다.' 한 번, 그리고 또 한 번. '그래도 삼세 번이지!' 외치며 시도한 마지막 호출까지 모두 장렬하게 실패. 일요일 늦은 오후, 터미널 근처도 아닌 여기까지 와줄 택시는 없었다. 그럼… 이제 나는 어떡하지?

목마른 자가 장벽을 뛰어넘으리라

남은 11km를 걸어가는 데 걸리는 예상 시간은 2시간 51분. 마음 먹으면 못 걸을 것도 아니지만 시간이 너무 늦었다. 인도가 따로 없는 차도 옆을 걷는 건 밝은 낮에도 조심해야 하는 일이었다. 해가 진 뒤의 걷기는 더욱 위험했다. 일단 오겠다는 택시가 없으니 가던 길을 계속 걷기는 하지만 끝까지 걸어갈 수는 없는 길 위에서 머리를 굴려댔다. 버스를 놓치면 택시, 택시가 안 오면 무엇? 옵션 A가 막혔으니 옵션 B를 선택해야 할 텐데 지금 선택할 수 있는 옵션 B는 무엇일까, 발걸음을 옮기며 고민한 끝에 선인장 책방지기님에게 연락해서 평소 이용하는 콜택시 번호를 받았다. 같은 회사의 택시라도 중개 앱을 이용하지 않고 직거래 호출만 가능한 택시가 있을 것이다. 아니 있어야 한다!

평소의 나라면 절대 하지 않았을 전화지만 (전화하는 걸 매우 싫어해 배달 앱이 나오기 전까지는 음식 배달을 시켜본 적도 없는 사람입니다) 오늘만큼은 번호를 받자마자 당당하게 전화를 걸었다. 목마른 자 '우물을 파리라'가 아니라 '장벽을 뛰어넘으리라'인가? 해가 완전히 지기 전에 이 한적한 길을 벗어나야 한다는 절실함으로 무려 세 번의 전화 통화를 해치웠다. 콜택시를 부르는데 왜 세 번이나 통화가 필요했냐 물으신다면, 대답해 드리는 게 인지상정. 세 번의 통화를 기록해 보면 아래와 같습니다.

통화 1) 선인장 책방지기님께서 알려주신 번호로 전화해서 지금 있는 곳과 목적지를 알려드리니 거기는 진부 콜택시를 불러야 한다고 하셔서 (여기서 그냥 끊지 않고 너무 장하고 기특하게도!) 진부 콜택시 전화번호를 여쭤보고 안내를 받음. (다시 생각해도 잘하고 잘한 일. 짝짝짝)

통화 2) 첫 번째 통화에서 받은 번호로 전화해서 지금 있는 곳과 목적지를 알려드리니 수화기 너머로 "거기가 어디지?", "거기 저기 근처 아냐?", "아 그래, 땡땡이가 근처에 있나?" 두런두런 아저씨들의 대화가 오고 간 뒤 "알았어요." 하고 끊으심.

통화 3) "없어요."도 아니고 "안 돼요." 도 아니고 "알았어요."라니, 지금 여기로 택시를 보내주신다는 말이겠지?라고 생각하면서도 "갈게요."도 아니고 "보낼게요."도 아니고 "알았어요."라니, '거기로 갈 택시는 없지만 너의 사정은 잘 알겠다'의 '알았어요'일 수도 있지 않겠냐는 내 안의 불안이 솟구침. 그렇게 1분, 3분, 5분이 흘러 계속 여기 가만히 서서 택시를 기다려도 되는지 확신이 필요할 때, 다시 통화 버튼을 눌러 지금 있는 곳과 목적지를 알려드리며, 내가 누구인지를 설명하고 택시가 오는 건지를 여쭤보니 전화기 너머에서는 다시 한번 두런두런, "땡땡이가 갔지?", "아까 거기 저기 근처 말하는 거지?", "지금 거의 다 도착했을걸?" 하는 아저씨들의 대화가 들린 후 "금방 도착할 거예요."하는 답변을 받음. (후아!!!!!!)

평창 〈책방선인장〉

누군가에게는 아무것도 아닐 수 있는 전화 세 통이 누군가에게는 이보다 뿌듯할 수 없는 것이 신통방통하였다. 누군가에게는 이게 무슨 사건일 수 있을까 싶은 일이 누군가에게는 무용담이 되기도 하는 신비의 세계. 나 혼자 하는 뚜벅이 여행은 그런 것이었다. 여행은 그저 여기에서 저기로 옮겨가 저기를 즐기는 일인 줄만 알았지, 여기에서 저기로 가기까지의 과정에서 어떤 일이 생길 수 있는지는 몰랐던 나에게 혼자 하는 여행이 알려주었다. 너의 한계를 영원불변한 것으로 고정해 놓지 말라고. 네가 가보지 않았던 장소, 새로운 길 위에서의 너는 또 다른 모습일 수 있다고. 네 안에는 더 많고 다양한 네가 있다고.

세 번째 통화를 마치자마자 나타난 택시를 타고 〈책방선인장〉으로 가는 길 위에서 마주한 나는 (누가 뭐라 해도 내 눈에는 아주 많이) 멋이 있었다. 그 순간의 나는 예약 전화 한 통을 하기가 힘들어 일주일 내내 미루고 미루다 결국 남편에게 부탁하고 마는 내가 아니었다. 활짝 열린 창밖을 바라보며 소리 없이 크게 소리쳤다. "음하하하! 내가 이런 사람이라고!"

초록으로 가득한 내 가슴 속 앤의 집

개선장군 같은 마음으로 책방에 들어섰다. 언덕 위에 빨간 지붕을 없고 있는 선인장은 초록 지붕이 아님에도 빨간머리 앤을 떠오르게 했다. 어린 시절 너무도 사랑했던 만화로 여전히 가슴에 품고 있는 '앤의 집'이 책방의 모습을 하고 나타나다니! 〈책방선인장〉은 책방지기 가족들의 거주 공간과 북 스테이가 함께 있어 더욱 편안한 가정집 분위기가 났다. 저녁 여섯 시가 다 되어서야 도착한 덕분에 입장 즉시 책방을 통째로 점령했다. 서가에 빼곡한 책보다는 책방 안쪽의 계단을 오르면 등장하는 다락방, 함성이 절로 터져 나오는 북 스테이 공간에 더 눈이 갔다. '꺄악! 여긴 앤의 다락방이야!'

짙은 청록색 매트리스 커버 위에 헌터 그린색 패드와 민트색 스트라이프 이불이 올라가 있는 침실이라니! 침구가 선사하는 초록 3종 세트도 황홀한데 다락방 양쪽에 달린 창문의 커튼도 초록, 그 창문 밖의 풍경도 초록이었다. 싱그러운 6월의 초록, 살아있는 나무들의 초록. 여기도 초록, 저기도 초록, 모두가 초록이지만 하나도 같지 않은 초록. 저마다의 색을 뽐내는 초록 속에서 어쩔 줄 몰라 발을 굴렀다. 세상의 중심이 오롯이 '나'뿐인 어린아이처럼 이곳은 초록을 사랑하는 '나를 위해' 만들어진 공간이 틀림없다고 장담했다.

북 스테이 공간인 다락방은 성인 6명이 자도 충분할 만큼 넓어 남편과 아이를 데리고 와도 좋을 곳이었다. 하지만 오늘 이 공간의 주인공은 나야 나, 그저 나만의 공간이라는 점이 설렜다. 수백 개의 빛나는 초록이 몸을 흔드는 창문 앞 등받이 의자가 얼른 여기 앉아서 창밖을 바라보라고 나를 유혹했지만, 그 유혹을 뒤로 하고 책방이 있는 1층 한쪽에 위치한 화장실로 들어갔다. 2만 9천 보를 걸은 나에게 시급한 건 샤워였다. 화장실은 타일마저 짙은 초록으로 한계 없는 나의 초록 앓이를 배가시켜 주었다. 샤워기 아래 깜찍하게 놓여 있는 선인장 비누가 인사를 했다. "어서 오세요, 여기가 바로 선인장 월드. 당신을 위한 공간입니다."

이럴 줄 알고 가지고 온 건 아니지만 어쩌다 보니 맞춤이 되어버린 초록색 원피스를 입고 천천히 책방 안을 거닐었다. 잔잔하게 흘러나오는 피아노 연주곡에, 에어컨이나 선풍기 바람이 없어도 시원한 평창의 바람. 나를 둘러싼 모두가 편안해서 안온해지는 공간의 한가운데에는 《선인장 호텔》이 자리했다. 《선인장 호텔》은 뜨겁고 메마른 사막에서 자라나는 사와로 선인장의 이야기를 담고 있는 그림책이다. 〈책방선인장〉은 많은 사막 생물에게 보금자리가 되어준 사와라 선인장처럼 많은 사람들에게 쉼터와 휴식처가 되고 싶어 책방을 열었다고 한다.

이쯤에서 고백하자면, 나는 2017년부터 시작된 인연을 안고 이곳에 왔다. 지금으로부터 5년 전, 그러니까 〈책방선인장〉은 물론 이 공간에서 자라고 있는 책방지기님의 아이가 세상에 태어나기도 전이었던 해, 독서 모임에서 그녀를 만났다. "안녕하세요, 저는 장인선입니다. 거꾸로 하면 '선인장' (웃음) 이렇게 하면 제 이름을 바로 기억할 수 있으시겠죠? 어릴 때 그냥 이름 때문에 생긴 별명이었는데, 요즘은 어디 가서 제 소개를 할 때마다 먼저 알려드리고 있어요. 저는 책을 좋아하고, 책으로 아이들을 만나는 일을 하고 있습니다."

책 을 좋 아 하 는 아 이 가 자 라 서

　매주 수요일 오전 10시, 한 권의 책을 읽고 만나 이야기를 나누던 우리가 책을 쓰는 사람과 파는 사람이 되어 다시 만났다. 그저 책이 좋아서 책을 읽다가 나의 이야기를 책으로 쓰게 된 나와 책 읽어주는 사람이란 꿈을 품고 자라 책을 소개하는 사람이 된 그녀. 우리는 그녀가 기다리던 아이를 임신하고, 배 속의 아이가 무럭무럭 자라 출산이 성큼 다가왔을 때까지 책 모임을 함께 했다. 출산 후 독서 모임에 나오지 못하고 육아에 전념하며 힘든 시간을 보내던 그녀는 덜컥 대관령에 북 스테이 책방을 열었다.

　아무 연고도 없는 낯선 동네에 은행의 힘까지 넘치게 빌려 터를 잡은 이유는 우연과 운명의 환상적인 콜라보 덕분이라 했다. 육아로 한껏 지친 그녀가 가족 여행으로 강원도 평창에 도착했을 때, 바로 번쩍! 오래도록 꿈꿔왔던 자연과 함께하는 삶의 터전이 '바로 여기'라는 소리가 들려온 것이다. 책을 읽던 어느 날 번쩍 '이 글을 읽고 있는 네가 바로 너만의 글을 써야 한다'라는 소리를 듣고 누가 시키지도 않은 책 쓰기를 시작한 나처럼 그녀 역시 그 소리를 무시하지 않았다. 그렇게 책방지기가 되었다.

어떤 논리도 없이 들려오는 내 마음 속의 소리를 놓치지 않고 붙잡는 힘을 우리는 책에서 얻은 걸까? 그녀가 꾸린 서가는 이 공간이 만들어진 역사(여행, 자연)와 그녀가 꿈꾸는 삶(생태, 마을), 여기에서 펼쳐내고 싶은 꿈들(사회, 문학)로 가득했다. 〈책방선인장〉의 세계를 한참 거닌 뒤, 전나무 숲길이 떠오르는 표지의 책을 골라 앉았다. 이렇게 정기적인 여행을 다녀보지 않았다면 다가오지 않았을 제목,《어떤 배움은 떠나야만 가능하다》를 읽으며 세계를 여행했다.

프랑스의 떼제를 시작으로 독일의 지벤린덴를 지나 이탈리아의 토리, 잉글랜드의 비치 그로브 부르더호프를 거쳐 스코틀랜드의 핀드혼, 포르투갈의 타메라까지. 저자는 유럽의 생태 마을을 여행하며 우리는 무엇을 위해 공부하는지, 어떻게 사는 것이 행복한 삶인지, 평범한 인생에도 가치가 있는지, 아이는 어떻게 자라고 또 키워야 하는지, 나를 사랑하고 타인을 사랑하는 방법은 무엇인지, 자연과 인간은 회복될 수 있는지 등 오랫동안 품어왔던 질문의 답을 찾는다.

> 자신 안에 사랑이 있다면 거기가 어디든지 상관없습니다. 이곳 핀드혼보다 더 아름다운 곳은 세상 어디에든 존재할 수 있습니다.
> ―김우인,《어떤 배움은 떠나야만 가능하다》중에서

생태적 교육을 고민하며 새로운 삶을 꿈꾸는 저자의 이야기는 대관령이라는 새로운 삶의 터전에서 자연과 함께 살아가고자 하는 책방지기의 이야기와 맞닿아 있었다. 책을 읽는 내내 몇 시간 전 넘치도록 충전해 온 전나무숲의 에너지가 나를 감쌌다. 저자는 10여 년에 걸친 여행기를 정리하며 이제는 멀리 떠나지 않아도 괜찮다고, 평범한 일상에서 내게 힘을 주고 인생의 길을 안내하는 수많은 존재가 있기 때문이라고 말하는데, 저자처럼 멀리 떠나본 적이 없는 나 또한 같은 말을 속삭이며 마지막 장을 덮었다. '멀리 떠나지 않아도 괜찮아. 멀미쟁이인 나에게도 힘을 주고 인생의 길을 안내하는 장소가 생겼는걸.'

따로 또 함께 자라는 우리는 지금도 한 뼘씩

밤 10시가 다 되어가는 시각, 하루 종일 연락 한번 없던 아이에게서 전화가 왔다. 걱정이 뚝뚝 떨어지는 목소리로 질문을 쏟아냈다. "엄마, 엄마 영어 숙제 어떻게 해? 아이패드 집에 두고 갔던데? 출석 체크 못해서 챌린지 실패하는 거 아냐? 엄마 어떡하지?" 사연인 즉, 영어 숙제하는 걸 너무 귀찮아하는 아이와 조금 더 재미있게 또 평화롭게 숙제할 겸 나도 영어 공부를 시작했는데, 영어 공부를 할 때 쓰는 아이패드를 집에 두고 여행을 간 엄마가 숙제를 못 해서 66일간 개근을 해야 하는 챌린지에 실패할까 봐서 걱정인 것이다.

"아, 괜찮아 하윤아. 아이패드 없어도 핸드폰으로 할 수 있어. 그런데 엄마 영어 숙제 완전 까먹고 있었는데, 와아. 하윤이가 전화 안 해줬으면 그냥 실패할 뻔했어! 엄마 챌린지 실패할까 봐 걱정해 주고, 알려줘서 정말 고마워 하윤아~ 엄마 자기 전에 꼭 숙제하고 잘게!" 아이의 전화가 아니었다면 조금도 떠올리지 못했을 영어 숙제라는 과제를 안고 다락방에 올라가 눕자, 사랑이 흘러넘쳤다. 지금 곁에 없다는 아쉬움이나 외로움이 끼어들지 않는 사랑이었다. 떨어져 있는 만큼 더 크게 폭발했다. 그리움이 너무 커 내가 이 여행을 지속할 수 있을까 불안했던 첫 번째 여행에서의 나는 찾을 수 없었다.

"She is in the room. They are in the room. Are they in the room? Were they in the room?" 불 꺼진 다락방에 혼자 누워 중얼중얼, 아이 덕분에 잊지 않고 기초회화 문장을 녹음했다. 나는 내가 말하고 있는 영어 문장처럼 혼자인 동시에 함께였다. 내 몸은 지금 이 방에 혼자 있지만, 마음과 영혼, 나의 정신은 집에 있는 아이와 온전히 이어져 있는 느낌이랄까. 마치 분리불안의 시기를 넘은 아이처럼 편안했다. 불안도 그리움도, 걱정도 두려움도 없는 사랑을 안고 스르르 잠이 들었다. 저녁 11시부터 아침 8시까지, 무려 9시간을 푹 자고 일어나 성장기의 아이처럼 한 뼘 쑥 자라났다. 그 누구도 알아보지 못할 성장이라 해도 괜찮았다. 그런 내가 마냥 기특했다. 주섬주섬 옷을 갈아입고 어제보다 자란 키로 아침 산책을 나섰다.

한여름 아침의 꿈, 시들지 않는 여름이

전날의 걷기와 이동이 고됐었는지 몸이 축축 가라앉았다. 책방 주변을 20분 남짓 짧게 걷고 들어오자, 나를 위한 아침상이 차려졌다. 따뜻하고 달콤한 단호박 수프에 빠삭하게 구운 식빵, 새콤하게 싱싱한 과일까지 푸짐하게 챙겨 먹고 사람들을 만날 준비를 했다. 오늘은 〈책방선인장〉의 역사적인 날, 책방을 연 뒤 처음으로 여는 저자 강연의 날. 그 강연의 강연자는 바로 나이다!(헉) 한참 책방을 준비 중이던 인선님이 언젠가 책방에 와서 강연을 해줄 수 있겠느냐고 물었다. 물론이죠! 너무 좋다고, 강연료는 1일 숙박권이면 된다고 웃으며 대화를 나누었는데, 그 '언제'가 바로 오늘, 이번 여행이었다.

정성스럽게 준비한 공간에서 첫 강연자라니 더없이 기쁘면서도 '유명한 작가님이 오셔서 자리를 빛내 주면 좋을 텐데' 하는 마음이 든 것이 사실이다. 하지만 우리가 함께 쌓아온 읽기의 시간, 그 안에서 건져 낸 보물을 나누는 자리라면 내가 우리가 주인공이어도 좋다고 생각했다. 그렇게 우리는 비가 내렸다, 그쳤다 하는 월요일에도 기꺼이 시간을 내어 자리해 주신 분들과 마주 앉았다. 아이를 키우는 부모들은 어떻게 책을 읽어야 하는지, 어떤 읽기가 도움이 되었는지, 내 경험을 기반으로 한 독서법과 아이와 함께하는 책 읽기에 관한 이야기를 주고받았다.

본래의 나라면 엄두도 못 냈을 강연이었다. 북토크나 강연으로 장거리 이동을 할 때마다 멀미와 긴장으로 앓아눕곤 했다. 북 스테이 예약 문의를 드린 나에게 더없이 조심스럽게, "여행 중에 강연하시면 푹 쉬지도 못하고 힘드시려나요? 부담 갖지 마시고 정말 편하게 말씀해 주세요." 하는 제안을 흔쾌히 승낙할 수 있었던 건 코로나 덕분이었다. 코로나19로 모든 만남이 중단되고 온라인 화상회의실에서의 강의만 존재하던 2년을 지나고 나니 강의 전날부터 복통을 유발하던 긴장 만발의 대면 강의가 오히려 간절한 그리움이 되었다.

여전히 나는 미숙하고 무언가 실수할까 전전긍긍하지만, 그보다 더 큰 반가움이 에워쌌다. 서로의 얼굴을 마주 보며 에너지를 나눌 수 있는 시간이 너무도 소중했다. 책방에 모여 앉은 모두가 반짝였다. 그 공간을 만든 그녀와 거기 서 있는 나, 모든 것이 꿈만 같았다. 부슬부슬 비가 내리던 월요일, 우리는 눈부시게 빛나는 한여름 아침의 꿈을 꿨다. 달뜬 시간이 끝나고 난 뒤 모두가 돌아가자 마치 마법이 풀린 듯 현기증이 몰려왔다. 이젠 혹시라도 무언가를 놓칠세라 잔뜩 높여 두었던 긴장을 풀고, 내 안에 존재하는 에너지를 쏟아낸 후 밀려오는 피로감을 달래 줄 시간. 우리는 책방 앞의 정원 카페에 들어가 커피를 마시며 서로를 격려했다. 오늘이 있기까지 애써 온 우리가 기특하다 칭찬하며 버리지 않고 품어 온 소망들이 대견하다 자랑을 늘어놓았다.

창밖으로 쏟아지는 빗줄기를 바라보며 다시 또 꿈을 꿨다. 앞으로 나아가고 싶은 길을 그렸다. 좁은 길, 거친 길, 오르막길, 꼬불꼬불한

길. 세상이 말하는 성공의 대로와는 너무도 달라 그런 길을 내는 것
이 무슨 의미가 있을까 싶은 길이라도 괜찮았다. 아니 그래서 더 좋
았다. 그런 길을 함께 그리는 친구가 있으니까, 그 길에서 만난 우리
가 이렇게 함께 걷고 있으니까. 시간 가는 줄 모르고 이어진 이야기
에 우리의 뱃속이 꼬르륵 신호를 보낼 무렵 일어나 곤드레나물밥 정
식을 먹고 짐을 꾸려 책방을 나서는 길. 여기까지 왔는데 혼자 보낼
수는 없다며 따라나선 그녀와 내 앞으로 어젯밤 읽은 책 속의 문장
이 펼쳐졌다.

수천 번을 다시 떠올려도 시들지 않는 여름이 우리를 향해 걸어왔다.
—김우인, 《어떤 배움은 떠나야만 가능하다》 중에서

이 순간을 이보다 완벽하게 표현할 방법이 없다. 〈책방선인장〉을
나서 집으로 돌아오는 길, "수천 번을 다시 떠올려도 시들지 않는 여
름이 우리를 향해 걸어왔다." 이 "여름이 지나고 다시 추운 겨울이
찾아와 나를 딱딱한 껍데기 속에 감추고 아무도 믿을 수 없을 때면,"
나는 다시 여기로 찾아올 것이다. "그러면 어느새 자리를 털고 일어
나 흩어졌던 일상을 다시 엮어 나갈 수 있을"것이다. 책방에서 발견
한 책 속의 문장이 내 마음을 온전히 대변하는, 이 놀라운 마법처럼.

<청류다원>의 영업시간은 매일 오전 9시부터 오후 6시. 겨울철에는 매주 수요일에 쉰다. 우유와 버터, 달걀이 들어가지 않은 채식주의 빵을 전통차와 함께 판매하고 있어 월정사 관광 뒤 허기진 배를 채우며 쉬어 가기 좋다.

청류다원

평창에 거주하고 있는 현지인 추천 맛집으로 찾아간 <산들산채식당>의 영업시간은 10시~17시. 평일은 15시, 주말은 16시가 라스트 오더이다. 비정기 휴무로 네이버 식당 정보에서 휴무 여부를 확인할 수 있다.

산들산채식당

강원 평창군 대관령면 솔봉로 173-34(GS도암 주유소 옆 길로 들어와 '시골밥상'을 지난 뒤 보이는 '카페 로천' 바로 뒷집)에 위치한 <책방선인장>은 목요일부터 월요일까지 11시~17시 영업한다(매주 화, 수요일 휴무). 북 스테이 예약 손님은 책방이 문을 닫고 난 뒤부터 다음날 오픈 시간 전까지 책방을 단독으로 이용할 수 있다.

Buy book
Buy local

세상에서 가장 아름다운 발걸음,
동네 책방에 가는 길

강화도 〈책방 시점〉

엄마,
아빠,
우리 먼 길로
돌아갈까?

"와아, 너무 좋겠다~! 나도 같이 가면 안 돼? 기사 역할만 하고 멀찍이 떨어져서 방해 안 할게. 데려다만 줄게!"

지인들과 이야기를 나누다 한 달에 한 번씩 나 혼자 책방 여행을 다니고 있다고 하면 모두가 입을 모아 말했다. 나도 데려가 달라고, 편안한 차편을 제공해 주겠다고. 제안자의 대부분은 오랜 운전 경력으로, 언제든 마음만 먹으면 훌쩍 차를 가지고 떠날 수 있는 자들이었지만, 운전을 할 수 있다고 해서 홀로 여행을 떠날 수 있는 건 아니었다. 남편과 아이를 두고 '굳이' 혼자, 결혼하고 아이까지 있는 '여자'가 하룻밤 여행을 떠난다는 것은 운전 능력보다 더 커다란 명분이 있어야 하는 일이었다. 여자 혼자 하는 여행은 위험하지 않겠냐는 우려가 한쪽 발목을 붙잡고, 돌봄과 가사는 여성의 몫이라는 여전히 뿌리 깊은 성별 고정관념이 남은 쪽 발목을 거세게 잡는다.

이뿐인가. 내가 버는 돈이 나의 가치와 권력을 증명하는 자본주의 사회에서 여성들이 잃어버린 경제력은 나를 위한 일을 포기하게 만드는 기제가 된다. 나만을 위한 여행은 감히 꿈꾸기도 민망한 사치로 느껴진다. 여성이 있어야 할 곳을 집 안으로, 더욱 작은 세계로 한정 짓는 문화는 지금도 전방위로 작동하고 있고, 그 문턱을 넘지 못한 현대의 여성들이 나에게 손을 뻗었다. 그 마음을 잘 알기에 매번 가슴이 아팠지만 거절할 수밖에 없었다. "아, 그냥 여행이 아니고 나 혼자 가는 여행이라서. 운전은 못 하고 멀미는 심한 뚜벅이 신세 그대로 내가 할 수 있는 만큼, 갈 수 있는 정도만큼 다니는 여행 콘셉트로…"

그러나, 굳건할 줄 알았던 '나 혼자 여행 콘셉트'의 변주는 계속되었다. 쿠로나에 걸려 여행 자체를 갈 수 없었던 4월을 지나 5월에는 남편과 둘이 여행을 다녀왔고, '그래 역시 혼자 하는 여행이 좋아!' 감탄하기 바빴던 6월 뒤에 찾아온 7월은 애초부터 혼자 아닌 셋이 떠나는 여행을 계획했다. 이 모든 과정이 우주의 기운으로 이어진 운명 같았기 때문이다.

우주의 기운을 따르니 귀여운 내가?

시작은 이러했다. 아직 회복되지 않은 몸 때문에 남편을 운전기사로 활용할 계획이었던 나에게 결혼 후 10년 만에 둘만의 여행을 다녀올 수 있게 도움을 주신 친정 부모님이 "다음에는 우리도 데리고 가면 안 돼? 우리 딸 책방에 데려다만 주고 절대 방해 안 할게~ 엄마 아빠는 다른 방에서 조용히 있다가 올게." 했을 때, 나는 직감했다. 이 여행은 내가 세워 두었던 콘셉트나 원칙과 상관없이 반드시 가야만 하는 여행이라고, 이 기회를 놓치면 두고두고 큰 후회를 할 거라고.

마침 셋이 가기 딱 좋은 책방도 알고 있었다. 가보고 싶은 북 스테이 여행지였으나 우리 집에서 대중교통으로 가는 차편이 좋지 않아 포기했던 곳. 차로 가면 1시간이면 도착하는 거리지만 대중교통으로 가자면 2시간 30분, 특히나 내가 힘들어하는 버스로 80분을 이동해야 하는 탓에 목록에서 제외했던 강화도의 〈책방 시점〉 예약 일정을 확인한 후 이층 침대방(내가 잘 곳)과 큰방(부모님 방)을 예약했다. 그리고 결혼 후 처음으로 남편과 아이 없이 나의 부모님과 떠나는 날은, 태어나 처음으로 동생 없이 아빠와 엄마, 나 셋만 가는 날이기도 했다.

아빠가 운전하는 차에 올라타자 타임머신을 탄 듯 시간이 거꾸로 돌아갔다. 뒷자리에 앉아 엄마, 아빠와 이야기를 하는 나는 한 아이

강화도 〈책방 시점〉

의 엄마도, 한 남자의 아내도 아닌 나, 그저 우리 부모님의 딸 슬기였다. 마치 결혼 전, 아니 어린 시절로 돌아간 듯했다. 셋이 가는 여행의 첫 행선지는 부모님이 40년 넘게 다닌 교회였다. 그 교회는 할아버지, 할머니가 젊은 시절부터 지금까지 다니시는 곳으로 할머니 집이 있는 경기도의 작은 마을 산 아래에 있다. 아빠는 결혼 후 서울로 이사를 한 뒤에도 매주 그곳으로 향했고, 그건 매주 반복했던 우리 가족의 행사였다.

엄마 뱃속에서부터 28년간 거의 모든 일요일을 여기에서 보냈으나, 결혼 이후로는 어쩌다 한 번 들러 얼굴을 비치는 정도가 됐다. 하지만 나의 종교심이 얼마나 신실한가와는 상관없이 교회에 들어서기도 전부터 몸이 녹아 내렸다. 갓 태어난 아이가 자라더니 결혼을 하고, 아이를 낳고, 키우는 모습까지 지켜본 어르신들은 "아이고 우리 슬기 왔어? 애기는 어떻게 하고 혼자 왔어?", "아직도 이렇게 애기 같아서 누가 애기 어멈인 줄 알겠어~" 하며 여전히 나를 아기처럼 여기며 조건 없는 사랑을 건넸다. 그런 환대와 사랑을 받고 있자니 나도 모르게 응석을 부리고 싶어졌다. 어떻게 하면 실수하지 않고 더 잘 할 수 있을까, 잔뜩 날 서 있던 긴장과 불안을 접어두고 어리광쟁이가 되어도 좋은 곳, 가볍게 통통 자유로울 수 있는 곳에서 나는 양 갈래 머리를 하고 멜빵 바지를 입던 시절처럼 꽤 귀여워진 기분이었다.

2 + 1 의 조합으로 2 + 1 의 책방을

교회에서 점심을 먹고 책방으로 출발했다. 엄마는 보냉백에 담아 온 커피와 간식을 꺼내 건넸다. 시원하게 얼린 커피와 빵, 먹기 좋게 썰어 담은 복숭아와 내가 사랑하는 오이까지. 엄마가 챙겨 온 보냉백에는 엄마에게서만 받을 수 있는 돌봄이 가득했다. '이런 것'까지 챙겨 주는 사랑 아래 살았던 시간이 떠올랐다. 휴가를 갈 때면 늘 당연하게 있던 것들, 내가 좋아했던 여행의 순간들이 스쳐 갔다. "너희들 어렸을 때 차 타고 가면서 간식 먹는 걸 제일 좋아했잖아. 그때는 제일 큰 아이스박스에 온갖 먹을거리를 다 넣고 다녔는데, 지금 같으면 엄두도 안 날 거야. 그땐 젊었으니까. 하이고, 그게 벌써 언제 적이냐. 근데 또 엊그제 같기도 해. 너랑 진우가 몇 살인지 너희들 나이를 생각할 때마다 깜짝깜짝 놀란다니까~"

엄마 말을 듣고 헤아려 보니 김치에 쌀, 온갖 반찬에 수박까지 챙겨 여름휴가를 떠나던 그때 그 시절의 엄마는 지금의 나보다 어렸다. 시간이 훌쩍 지나 나는 어느새 그때 내 나이의 아이를 키우는 엄마가 되었는데. 엄마가 챙겨 온 간식을 받아먹기 바쁜 내 모습은 그때나 지금이나 다를 게 없었다. 아무리 긴 시간이 흘러도 엄마 앞에서는 여전히 자식일 수 있다는 특권을 염치없이 누렸다.

일요일 오후 3시에 도착한 책방은 여행객으로 보이는 젊은이들로 가득 차 있었다. 북 스테이 공간은 책방 안쪽에 마치 비밀 공간처럼

　　　　　　　　　　　　　　　강화도 〈책방 시점〉

나란히 있었다. 가볍게 짐을 풀고 책방부터 둘러봤다. 〈책방 시점〉은 2층 건물에 3층 다락방이 딸린 책방지기들의 거주지이자 동네서점이다. 1층에는 책방과 북 스테이 방 2개, 2층에는 1층 책방에서 이어지는 작은 서가와 편하게 책을 읽을 수 있는 소파, 1층과 같은 위치에 있는 방 2개가 있다. 2층 방의 주인은 이 집을 짓고 사는 부추와 돌김, 우엉, 세 사람으로 부모님과 함께 여행을 간 2+1의 우리처럼 부추김(=부추+돌김) 부부가 큰 방에서, 이들의 친구인 우엉이 작은 방에서 2+1로 생활한다.

여행은 해도 내향적인 나는 이 책방이 어떻게 생겨나고 운영되는 것인지, 특히나 이 공간에 살고 있는 세 사람의 관계와 비하인드 스토리가 궁금했지만, 그걸 직접 물어볼 생각 같은 건 해 보지도 않았다. 그러나 책이 있었다. 세 사람이 쓴 책《셋이서 집 짓고 삽니다만》에 모든 답이 들어 있었다. 2인 가구였던 부추와 돌김, 1인 가구였던 우엉은 월세도, 전세도 아닌 공동명의로 땅을 사고 집을 지어 책방이자 북 스테이를 운영하기 시작했다. 그 과정을 담은 에세이를 썼다. 6월에 갔던 〈책방선인장〉에서 이 책을 미리 소개받았는데, 여기와서 읽기를 선택한 것은 역시 탁월했다.

부추김 부부와 우엉의 방을 보고 내려온 뒤에 읽는 책 속의 그들 이야기는 몰입도 최강의 즐거움을 선사했다. 어색한 대화와 민망함의 공기 없이도 이 공간에 대한 나의 궁금증을 200% 해결해 주었다. 책을 읽은 것만으로 책방지기님과 마구 가까워진 듯 솟구치는 내적

친밀감 덕분에 얼굴을 마주치고 대화를 나누기도 훨씬 편안해졌다. 이쯤 되면 책방 이야기를 글로 써 준 책방지기님들께 표창장이라도 드려야 하는 게 아닐까? "말보다 글이 편한 손님들을 대표하여 이 상을 드립니다. 내향적이지만 동네 책방 이야기는 듣고 싶은 여행자 배려상!"

젓국갈비를 먹고 걷는 길 위에서

"저녁은 어디서 드실 계획이세요? 생각해 둔 곳이 있으세요?" 북스테이 예약을 했을 때부터 주변 식당과 둘러볼 만한 곳 정보를 빼곡하게 보내주신 책방지기님이 강화도에서 맛볼 수 있는 별미를 추천해 주셨다. 듣자마자 "오옷! 거기 가보자!" 맑은 탕에 새우젓을 넣고 끓인 '젓국갈비'가 구미에 당겼다. 부모님도 나도 먹어본 적 없는 물갈비의 맛이 궁금했다. 우리는 책방 근처의 식당 〈원두막가든〉으로 갔다.

처음 먹어 본 젓국갈비 맛은 신선했다. 샤부샤부처럼 야채가 풍성하게 들어간 탕에 새우젓으로 깔끔하게 간을 하고, 고추로 매콤한 맛을 더한 국물이 시원했다. 젓국갈비에 들어가는 갈비가 소고기가 아닌 돼지고기라는 점도 특이했다. 엄마는 새우젓과 궁합이 맞는 건 돼지고기라 물갈비에는 돼지갈비를 쓰나 보다고 분석을 하셨는데, 나랑 아빠는 그저 냠냠 잘 익은 야채와 갈비를 건져 먹기 바빴다. 갈비도 갈비지만 젓국갈비에 들어간 손두부 맛에 푹 빠진 우리는 두부까지 추가해 배 빵빵 세상 든든한 식사를 마치고, 빵빵한 배를 좀 꺼트리고 들어가자며 식당 바로 맞은편에 있는 전등사의 주차장을 따라 올라갔다.

매표소가 문을 닫기 1분 전, 극적으로 입장한 여름날의 전등사는 푸르렀다. 정교한 조각 장식으로 꾸며진 대웅보전이 화려한 아름다움을 뽐내고 있었다. 걷는 길 곳곳이 다채로운 꽃과 식물로 가득했다. 사진 찍는 걸 좋아해 우리가 어릴 땐 값비싼 필름 카메라도 꽤 소장했던 아빠가 내 휴대전화의 카메라로 수목원을 방불케 하는 전등사 곳곳을 남겼다. 나 대신 열심히 사진을 찍고 있는 아빠를 바라보는 내 마음이 둥실둥실 하늘로 오르는 비눗방울처럼 반짝였다.

"슬기야, 이거 봐봐. 이 구도 괜찮지? 이런 풍경 사진이면 쓸만하겠어? 우리 딸 책에 도움이 좀 되려나?" 나를 위해 해 줄 수 있는 게 있다는 사실만으로도 행복해하는 아빠의 모습 위로 많은 장면들이 스쳐 갔다. 10분이라도 더 자라며 고등학교 3년 내내 학교 앞까지 나를 데려다준 아빠, 멀미가 심해 고속버스를 도저히 더는 못 타겠다고 전화하면 거기가 어디든 항상 나를 데리러 달려와 준 아빠. 아빠는 내가 대학생이 된 후에 떠난 문학기행이나 졸업 여행지까지도 기꺼이 날아와 주었고, 나는 언제든 필요할 때마다 쉬어 가며 슬기 맞춤으로 움직이는 아빠 차를 이용해 장거리 이동의 어려움을 해결해

왔다.

부모님은 내 몸의 한계와 예민함을 언제나 따뜻하게 보듬어 주셨고, 나는 그들의 그늘에서 생존했다. 그 그늘이 얼마나 넓고 편안한 것이었는지는 내 자식을 낳아 키워 보면서야 비로소 깨달았다. 아빠를 향한 미움과 원망도 자연스레 흩어졌다. 한때 강렬하게 사로잡혀 있었던 가해자로서의 아버지상, 그러니까 엄마를 힘들게 하는 시집살이의 부당함이나 말도 안 되는 가부장제의 불평등한 문제들이 다 아빠 때문이라는 생각에서도 벗어났다. 아이를 낳고 키우며 불평등을 향한 분노로 공부하기 시작한 페미니즘이 알려주었다. 그건 내 아빠라는 한 사람의 잘못이 아니라고, 그런 문화를 당연한 것으로 만들고 모든 사람에게 영향을 끼치는 사회의 문제라고.

아빠도 이런 사회 문화에서 벗어날 수 없는 한 개인일 뿐이며 아빠 또한 가부장제 사회가 만들어 낸 피해자에 속함을 알았다. 정말 그랬다. 아빠는 매해 달라졌다. 가사노동에 적극 동참하는 사위를 보며 아빠의 머릿속에 존재하던 '남자가 할 수 없는 일'은 갈수록 줄었다. 몇 년 전 퇴직한 아빠는 식사 후 설거지를 도맡고, 음식물 쓰레기를 직접 버리고 올 만큼 변했다. 그렇게 우리는 매해, 매일 새로운 날들을 만들어 가고 있다.

단군의 세 아들이 쌓았다는 전설의 삼랑성을 오르는 중에도, 저 멀리 바다가 보이는 오름에 서서 탁 트인 풍경에 감탄하는 순간에도, 나는 마음 편한 자식으로 존재할 수 있는 넓은 그늘에서 뒹굴었다.

전등사의 푸르른 숲 내음을 안고 터벅터벅 가파른 경사를 조심해서 내려오는 길. 내 옆에 우리 엄마가, 내 뒤에 우리 아빠가 있다는 사실만으로 든든했다. 우리 셋의 발소리가 내 가슴 속 깊은 자리에 각인됐다. 지워지지 않을 소중함이었다.

시점에서 발견한 나의 유산

책방으로 돌아온 우리는 다른 손님이 없는 우리만의 서가를 조용히 탐방했다. 〈책방 시점〉은 '질문할 용기, 발견의 기쁨, 관점의 전환'을 주제로 한 큐레이션 책방답게 책꽂이마다 질문이 적혀 있었다. '타인을 이해한다는 것, 가능할까요?', '혼란과 소란의 시대, 어떻게 살아야 할까요?', '혐오와 차별을 넘어선 세계를 꿈꿀 순 없을까요?' 〈책방 시점〉이 던지는 질문의 주제가 나의 관심사와 맞닿아 있었다. 당장 펼쳐 읽고 싶은 책이 가득했다. 이보다 더 내 스타일일 수 없는 서가에 빠져 책방에 있는 책 전부를 두 번쯤 훑고 난 뒤에 사샤 세이건의 《우리, 이토록 작은 존재들을 위하여》를 꺼내 들었다.

칼 세이건의 《코스모스》를 감명 깊게 읽은 내 눈에 '사샤 세이건'이라는 이름부터 확 들어왔다. 책을 펼쳐 책날개에 적힌 저자 소개를 보니 역시! 사샤 세이건은 《코스모스》를 쓴 천문학자 칼 세이건의 딸이었다. 과학자인 아빠와 작가인 엄마의 딸로 태어나 극문학을 전공하고, 부모님의 삶으로부터 영감을 받아 인간 존재를 다층적으로 탐색하는 글쓰기를 해왔다니, 이건 부모님과 함께 방문한 책방에서 선택할 수밖에 없는 책이었다.

사샤는 어린 시절 아버지가 자주 데려가 주었던 장소에 대한 이야기로 서문을 열었다. 그리고 자신이 부모님으로부터 배운 것이 무엇인지, 그게 자신의 삶에 어떤 영향을 끼쳤는지 고백한다. '태어남'으로 시작해 '죽음'으로 끝나는 16개의 이야기는 우리가 행하는 일상 속의 작은 의식들이 지닌 기쁨과 의미를 담고 있다. 그는 '우리 각자가 살아서 이 세상에서 함께 살아가게 되기까지, 우리가 바로 지금 이 순간에 도달하기까지 있었던 그 모든 일에 경이를 느낀다'며 자신의 세계관이자 종교일 수도 있는, 중요한 삶의 원칙을 노래한다.

> 부모님은 사랑을 신성한 것으로 보게끔 나를 키우셨고 그래서 존과 나는 늘 우리의 사랑을 종교 비슷한 것으로 생각한다. 초자연적이라거나 운명지어졌다거나 그런 의미에서가 아니라, 믿고, 존중하고, 소중히 여기고, 당연히 여기지 않는다는 의미에서 종교처럼 여긴다.
> —사샤 세이건, 《우리, 이토록 작은 존재들을 위하여》 중에서

칼 세이건과 앤 드루얀은 사샤에게 방대한 우주와 자연현상에는 심오한 아름다움이 숨어 있으며, 현상을 비판적으로 보되 삶을 냉소적으로 바라보지 말라고 가르쳤다고 한다. 그들은 딸에게 '사랑'을

강조했다. 그 사랑 아래에서 딸은 또 사랑을 노래했다. 사샤의 노래
는 '우리처럼 작은 존재가 광대함을 견디는 방법은 오직 사랑 뿐'이
라고 말했던 칼 세이건의《코스모스》와 분리할 수 없었다. 떼려야 뗄
수 없는 합주곡을 들으며 생각했다. 내가 나의 부모에게 배운 세계
관과 철학, 우리 부모님이 나에게 남겨준 유산에 대해서.

이야기를 여러 형태로 반복해서 들려주는 것이 종교의식에서 중요한
부분을 차지한다. 믿어야 할 게 무엇무엇인지 나열한다고 그 사상을 받
아들이게 되지는 않는다. 마음을 움직이고 마음을 끄는 방식으로 교리
를 구체적으로 들려주어야 할 필요가 있고 그래서 이야기가 중요하다.
(중략)
부모가 아이들에게 이전에 어떤 일이 있었으며 조상들은 어떻게 살았고
그들에게 무엇이 중요한지를 이야기로 들려준다. 한 번만 들려주는 것
이 아니라 반복해서 들려주고 또 들려주어 충분히 각인시켜 아이들이
기억하게 하고 다음 세대에 다시 전해질 수 있도록 하는 것이 핵심이다.
　　　　　　—사샤 세이건,《우리, 이토록 작은 존재들을 위하여》중에서

자라는 동안 우리 부모님이 가장 많이 반복한 이야기, 한 번만 들
려주는 것이 아니라 반복해서 들려주고 또 들려주어 내 머리와 삶 전
체에 각인되지 않을 수 없었던 사상은 바로 지금에 감사하는 삶, 타
인의 평가나 세상의 잣대에 휘둘려 나를 깎아 먹지 않는 태도, 남을

부러워하지 않는 마음이었다. 아빠는 '그것만으로도 얼마나 충족한 가'라는 뜻의 노래 '다예누'를 자주 불렀다는 사샤의 엄마처럼 말씀하셨다. "돈이 많은 만큼 더 행복한 게 아니야. 부가 행복의 전부는 아니야." 그리고 보여주셨다. 부유하지 않아도 누릴 수 있는 일상의 기쁨을, 그 안에 존재하는 즐거움을.

엄마는 빠듯한 살림에 각종 부업을 놓지 않으면서도 입이 떡 벌어질 만큼 여유로운 다른 여자들의 삶을 선망하지 않았다. 어린 내 눈에도 그런 엄마의 태도는 의아한 것이었고, 어느 날은 엄마에게 물었다. "엄마, 엄마는 그렇게 으리으리한 집에 갔다가 우리 집에 오면 우울하고 부럽지 않아?"

"아니, 하나도 안 부러운데. 우리 집에는 슬기랑 진우, 아빠가 있잖아. 우리 가족 넷이 사랑하는 하루하루가 있는데 다른 걸 부러워할 필요가 있나? 물론 내가 갖지 못한 것을 가진 사람들을 보면 부러울 수 있지만 다른 사람이 가진 것에 주목하면 행복할 수가 없어. 비교에는 끝이 없으니까. 아무리 넓은 집에 살아도, 돈이 어마어마하게 많아도, 그 사람만의 어려움이나 고민은 또 있는 법인데, 중요한 건 우리 눈에 바로 보이지 않으니까. 모두 저마다의 인생을 사는 거지. 우리 슬기랑 진우처럼, 이렇게 귀한 나만의 보물을 가지고서."

그 시절 우리는 마주 앉아 코끼리 얼굴에 솜을 넣고 눈을 달았다. 바느질을 못 하는 나는 젓가락을 들고 기다란 코끼리의 코끝까지 솜을 채워 넣었다. 엄마는 내가 솜을 넣은 구멍을 감쪽같이 꿰맨 뒤 작은 구슬을 실에 꿰어 눈을 만들었다. 그렇게 완성한 코끼리 얼굴 한 개의 값은 얼마 되지 않았지만 어린 나에게 그건 즐거운 놀이였다. 엄마와 함께하는 시간 자체가 좋았다. 엄마는 내게 자주 몽실몽실한 솜처럼 부드러운 미소를 건넸다. 그렇게 웃는 엄마의 얼굴은 엄마의 새하얀 피부만큼이나 투명했다. 그런 엄마 곁에서 함께했던 시간은 그 무엇도 바랄 것이 없는 순간으로 남아있다. 부모님이 나에게 남겨준 유산은 이런 순간들의 반복이었다. 빈번하고도 흔한 행복의 반복.

내가 받은 유산의 소중함

부모님께 받은 유산의 힘을 깨닫게 된 건, 독박육아와 고용단절의 시기를 지나 내 이름으로 된 책을 출간하며 다시 일을 시작한 때였다. 실혼과 출산이 한 여성의 삶을 얼마나 크게 뒤흔들 수 있는지를 솔직하게 고백한 후, 출판계에는 비슷한 이야기가 쏟아져 나왔다. 아이를 키우는 여성, 특히 그 과정이 유난히 힘들고 버거워 더 커다란 어려움을 겪은 이들의 목소리는 오랜 세월 밖으로 나올 수 없는 금기였다. 그 시간을 뚫고 나온 목소리는 너무도 소중했다. 나는 매해 등장하는 엄마 작가들을 반갑게 바라보며 나의 이야기를 더해갔다. 매번 내가 꼭 하고 싶은 이야기, 그때 가장 간절하게 남기고 싶은 이야기를 글로 쓰는 하루를 쌓아갔다.

신간이 나온 직후에는 매일 온라인 서점에 들어가 판매 지수를 살펴보며 '내 책이 과연 팔리고 있나?' 확인을 하고, 이왕이면 많은 사람에게 읽히고 사랑을 받았으면 좋겠다 소망하지만 그건 어디까지나 '그러면 좋겠다' 정도의 마음일 뿐, '아니어도 별수 없다'로 귀결된다. 판매 지수를 확인하며 마음을 졸이는 일도 일주일쯤 지나면 자연스레 시들해졌다. 강의는 들어오면 감사한 일이지만(강연료는 인세만으로 먹고살기 힘든 직업 특성상 생계를 유지하는 데 큰 도움이 되는 수입이므로) 의뢰가 없으면 또 없는 대로 감사했다(강연을 앞두면 꼭 찾아오는 긴장과 불안에서 벗어날 수 있으므로). 나라는 사람의 유명세 같은 것에는 관심이 없었다.

내 책의 판매 부수와 인지도에 무감한 것만큼이나 다른 사람들이 이룬 성공이나 성과에도 관심이 가지 않았다. 누가 어떤 책을 써서 얼마나 판매가 되었는지, 그 사람의 팔로워가 얼마나 많은지, 어떤 사람들이 얼마나 왕성하게 강의를 다니고 있는지가 내게는 중요하지 않았다. 무엇이 되고자 안달할 필요 없이 지금의 나 그대로 충분한 하루가 깊은 만족감을 가져다주었다. 매일 아침 눈을 뜨면 밖으로 나가 신나는 음악에 맞춰 1시간 둠칫둠칫 댄싱 걷기를 하고, 아이가 학교에 간 뒤 아이스 아메리카노를 마시며 글을 쓸 수 있으면 '다예누!' 그것만으로 충분한 사람이다.

내가 버는 돈의 액수와 상관없이, 타인과의 비교 없이, 그저 오늘의 나에게 중요한 것들에 집중하고 감사하며 행복할 수 있는 나의 하루는 특별한 노력 없이 거저 얻은 것이었다. 내가 우리 부모님의 딸로 태어났다는 이유만으로 받은 유산이었다. 수저론으로 치자면 이건 그냥 '금수저'보다도 대단한 '정서적 금수저'였다. 그 어떤 부로도 얻을 수 없는 것을 이미 가진 자이자 이건 절대 사라지지 않을 유산이니 말이다.

오늘의 길을 걷다 보니 문득

특별한 것 없는 밤이었다. 그저 조용히, 서로가 넘기는 책장 소리만 들려온 밤, 그래서 사랑한 7월의 밤. 다음 날 아침 6시, 먼저 일어나 책방 근처에 있는 강화나들길을 걸었다. 강화나들길은 제주의 올레길처럼 강화의 역사와 문화, 자연을 보고 느끼며 걸을 수 있는 도보 여행길로 총 20개의 코스가 있다. 〈책방 시점〉 근처를 지나는 3코스는 전등사의 고즈넉한 풍경소리를 들으며 개성에서만 찾아볼 수 있는 왕릉과 왕비릉의 숨결을 느낄 수 있다. 3코스는 온수 공영주차장에서 시작해 가릉까지 16.2km에 달하기 때문에(총 6시간 소요) 나는 잠깐의 맛보기로 1시간 남짓을 걸었다.

도보 여행길은 내게 나들길 곳곳에서 반가운 인사를 건넸다. 갈림길이 있는 도로 한편의 이정표로 "안녕", 한적한 길가에 서 있는 나뭇가지에 묶인 리본으로 또 "안녕". 진한 주황색과 연한 귤색이 한 쌍을 이루고 있는 서해랑길 리본이 초록색 나뭇잎 사이에서 선명한 빛을 내며 말했다. "지금 걷고 계신 길이 바로 서해랑길이에요. 아침 일찍 산책을 나오셨군요? 다음에는 이 길을 오롯이 즐겨 보시는 건 어떨까요? 저는 늘 이 자리에서 걷는 이들을 환대하고 있답니다. 언제든 길 위에서 반갑게 만나요! ^^"

　서해랑길을 걷는 아침, 더 많이 걸어보고 싶어졌다. 지금 하는 잠깐의 산책을 지나서, 여기와 저기 사이의 이동을 위한 걷기를 넘어서 더 오랜 걷기. 걷기를 위한 걷기. 애초부터 걷기를 작당하고 가는 여행은 어떤 맛일까? 나도 이런 16.2km의 코스를 다 걸어볼 수 있을까? 그런 걷기는 일상의 걷기와 무엇이 다를까? 강렬하게 쏟아지는 아침 7시의 햇빛을 모자 하나 없는 맨얼굴로 맞으며 또 다른 걷기를 생각했다. 오늘의 걸음이 데려갈 내일의 걸음을 상상했다. 아무도 없는 저 앞의 밭에서 불쑥 뛰어나온 고라니를 보고 깜짝 놀라 황급히 발걸음을 돌려 걷던 길을 되짚어 돌아오는 길, 밑도 끝도 없이 제주도에 가보고 싶다는 생각이 날아왔다. '다음에는 올레길의 한 코스를 걸어보자!'

먼 길로 돌아갈까?

각자 한 권씩 책을 골랐다. 나는 어제 골라 둔 사샤 세이건의 《우리, 이토록 작은 존재들을 위하여》, 아빠는 책방지기님의 추천을 받아 고른 김훈 작가의 신간 《저만치 혼자서》. 엄마는 책방을 찬찬히 둘러본 후 신중하게 택한 책을 내밀었다. 그건 내가 최근 눈물을 흘리며 읽은 책이자 많은 이들에게 추천하고 있는 책이었다. "엄마, 이건 내가 얼마 전에 정말 뭉클하게 읽은 책이에요! 이 책은 우리 집에 있으니까, 내가 빌려줄게. 우리 엄마 책 취향이 역시 나랑 겹치네!"

엄마가 고른 책은 미국의 문학평론가이자 퓰리처상 수상 작가인 게일 콜드웰이 《명랑한 은둔자》와 《욕구들》을 쓴 캐럴라인 냅을 만나 우정을 나누다 그녀를 죽음으로 떠나보낸 뒤 찾아온 애도의 시간을 담은 에세이 《먼 길로 돌아갈까?》였다. 나는 이 책을 게일 콜드웰과 캐럴라인 냅처럼 꼭 9살 차이가 나는 지인에게 선물을 받아 읽었다. '30대가 훌쩍 넘어 처음 만난 여자들끼리도 이런 우정과 연대가 가능하구나' 감동하며 앞으로 만날 인연을 향한 기대를 품었다. 그리고 오늘, 이 책을 손에 든 엄마 얼굴을 보며 생각했다. 우정과 연대가 가능한 '여자들'에서 엄마는 빼놓을 수 없는 여자였다. 나도 엄마가 되어 30대가 훌쩍 넘은 지금, 우리는 엄마와 딸인 동시에 한 여자와 또 다른 여자로 우정을 나누는 중이었다.

하루가 이대로 끝나지 않기를 바라는 날이면, 누군가 말하곤 했다. "집까지 먼길로 돌아갈까?" 차를 몰고 있든 걷고 있든 다르지 않았다. 여기에는 이런 뜻이 담겨 있었다. "좀 슬렁슬렁 가보자. 시간이 천천히 흐르도록, 지금이 조금 더 길어지도록." 오래오래 계속 이어지도록.

— 게일 콜드웰, 《먼길로 돌아갈까?》 중에서

"집까지 먼길로 돌아갈까?" 가든형 카페 〈다루지〉에 앉아 커피를 마시는 모든 순간, 우리는 게일 콜드웰과 산책을 할 때마다 헤어지는 시간을 좀 더 늦추고 싶었던 캐럴라인이 습관처럼 건넸다는 말을 하지 않을 수 없었다. 엄마 아빠와 함께 나눈 시간은 너무도 쏜살같이 흘러갔다. 붙잡을 수 없는 시간은 언제 봐도 뭉클한 사진으로 남았다. 남들에게는 온수리 성당만 보일 사진을 보여주며 아빠가 말했다. "여기도 우리 딸 있는데, 어디 있는지 알겠어? 아빠가 우리 딸도 같이 찍었지~~"

아빠의 사진 속에는 개미보다 작은 내가 있었다. 아빠의 마음이 있었다. 나는 나를 보며 아빠를 봤다. 나를 바라 보고 있는 아빠의 모습이 보였다. 아빠가 없지만 또 있는 그 사진 속의 나는 노오란 나비 같았다. 팔랑팔랑 어여쁜 나비는 오늘도 달콤한 꿀을 먹고 집으로 돌아왔다. 한없는 사랑을 안전하게 받으면서, 잊을 수 없는 한여름 밤의 추억을 안고서.

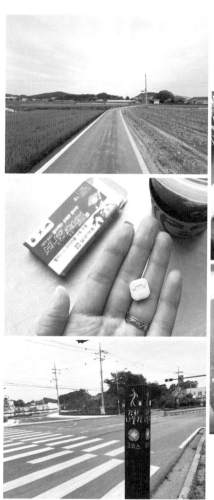

강화도

<책방 시점>의 북 스테이 공간은 1층 이층 침대방(1인)과 큰방(1~2인), 다락(1인)으로 총 3곳이 있다. 우리처럼 3인이 이용할 경우에는 방을 두 개 예약하면 되고, 7세 이하 영유아가 있으면 1층 큰방에서 함께 지낼 수 있다. 화장실과 샤워실은 방 안이 아닌 1층과 2층에 각각 하나씩 있는데, 보다 쾌적하고 안전한 북 스테이 이용을 원할 경우에는 단독 대관도 가능하다.

책방시점

전등사는 자연과 역사, 신화와 전설이 깃든 강화도 대표 전통 사찰로 하절기에는 매일 08:00~18:30, 동절기에는 매일 08:00~18:00 이용 가능하다. 문화제 관람표는 개인/어른 4천 원, 소형 2천 원, 대형 4천 원의 주차비도 있다. <책방 시점>에서 전등사까지는 1.7km로 30분이면 걸어갈 수 있다.

전등사

<책방 시점>에서 15분(1.1km)만 걸어가면 대한성공회 온수리 교회가 나온다. 1906년에 세워진 성 안드레 한옥 성당과 사제관이 문화재로 등록되어 있으며, 2004년 세워진 베드로 성당이 어우러져 있다. 멋진 소나무와 잔디밭이 경관을 뽐내는 곳으로 강화도 여행에서 빠질 수 없는 코스로 꼽힌다. 매주 월요일 정기휴무, 화요일부터 일요일까지 09:00~18:00 운영한다.

온수리 교회

연천 〈굼벵책방〉 〈책방내일〉

길 위에서 버리고 달라지는 나는 변했네

4학년 1학기를 마친 아이의 여름방학은 어려울 게 없었다. 아이는 돌봄 센터에 가거나 친구를 만나 놀았다. 매일 해야 하는 숙제도 스스로 챙겼다. 나는 그저 점심 한 끼를 더 차려주면 되는 정도였는데, 그 한 끼를 더 챙기는 것이 쉽지 않다는 게 문제라면 문제였달까. 음식에 세심한 편인 아이의 한 달 삼시 세끼를 모두 집에서 제공해야 한다는 건 가벼워지지 않는 부담이었다. 그 무게가 은근히 쌓여 어깨가 무거워지기 시작했을 때, 아이는 다시 학교에 가기 시작했다. 단축수업을 하지만 급식은 먹고 오는 개학날을 지나 정상수업을 하는 2학기의 첫 번째 금요일, 등교를 하는 아이에게 말했다. "이따가

집에 오면 엄마가 없을 거야. 오늘 엄마 책방 여행 가는 날이라고 얘기했던 거 기억하지? 학교 갔다 와서 쉬다가 태권도 잘 갔다 와~ 오늘은 아빠가 일찍 오실 거야."

만 열 살을 세 달 앞두고 있는 아이에게 엄마의 여행은 더 이상 서글픈 일이 아니었다. 아이는 이보다 진심일 수 없는 표정으로 "아싸!"를 외치며 세상에서 가장 쿨한 인사를 건넸다. 몇 달 전부터 아이의 불만은 여행을 가는 요일이었다. 어째서 매번 '일~월'로 가느냐는 것이었다. 아이는 다음날 학교에 가야 해서 일찍 잠자리에 들어야 하는 일요일 아닌 주말을 앞둔 금요일 출발을 권유했다. 그리고 이날, 드디어 '금~토'로 여행을 가는 엄마의 일정에 흡족해하며 학교로 향했다. 엄마의 부재를 슬퍼하기는커녕 '어떻게 하면 금요일 밤을 더 늦게까지 재미나게 보낼 수 있을까' 생각하는 아이의 성장에 감사하며 나도 집을 나섰다.

뜨거운 여름에는 북쪽으로

말복과 처서도 지난 금요일이었지만 여전히 여름인 이달의 여행지는 일찌감치 휴전선과 맞닿아 있는 최북단, 그중에서도 북한 황해도 장단군 바로 아래에 있는 경기도 연천으로 골라 두었다. 연천은 동두천역까지 1호선을 타고 간 뒤 버스를 한 번만 타면 되는 꽤나 '만

만한' 여행지였다. 경기도와 맞닿아 있는 우리 집에서 연천까지는 고작 60km, 자동차를 타고 가면 1시간도 안 걸리는 거리였다. 이동 거리로 보나, 방법으로 보나, 연천은 난이도 '하'에 속하는 곳이었지만 출발 후 채 30분이 지나기도 전에 지난 2월 〈더글라스 하우스〉를 찾아가며 경험했던 당혹스러움이 몰려왔다. 창동역에서 환승을 한 나는 유난히 한적한 1호선의 쾌적함에 감탄하며 라디오를 듣고 있다 수신호를 받았다. "네? 안 된다고요? 일어나라고요?"

귀에 꽂고 있는 이어폰 때문에 바깥소리를 전혀 듣지 못하고 있는 나에게 아저씨 한 분이 눈짓 손짓으로 말했다. (보디랭귀지로 이해한 바로는) "여기 이렇게 앉아 있으면 안 돼요. 얼른 일어나서 내려요." 반사적으로 벌떡 일어나 이어폰을 빼고 주위를 둘러보니 그나마 있던 사람들도 모두 내리는 중이었다. 이 열차는 소요산까지 가는 열차가 아닌 의정부행, 지금 도착한 역에서 운행을 멈추는 열차였다. 평소 행선지를 확인하고 탈 필요가 없는 역만 왔다 갔다 했던 나는 생소한 상황에 당황했다. 마치 해외여행을 온 외국인처럼 떠듬떠듬, 내가 서 있는 탑승구의 안내도를 읽고 또 읽으며 정신을 집중했다. '잠깐만 이게 모야. 그러니까 여기서 타는 열차의 다음 역은 회룡역이라는 거지. 그럼 거꾸로 가는 거잖아? 나는 가능역방향으로 가야 하는데? 가만있어 봐. 그럼 반대 방향 열차를 타는 곳은 어디 있는 거야?'

두리번두리번 개찰구로 나가는 계단을 찾아 내려갔다. 다행히 교통카드를 찍고 나가지 않고도 반대 방향의 열차를 탈 수 있는 플랫

　　　　　　연천 〈굼벵책방〉 + 〈책방내일〉

폼으로 이동할 수 있었다. 반대편에서 내려왔던 계단을 다시 올라 가 능역으로 가는 열차를 기다리는데 이번 열차는 여기서 3정거장만 가 는 '양주행'이란다. 고작 3정거장이지만 그래도 지금 들어오는 양주 행 열차를 타고 양주에서 소요산행으로 다시 갈아탈 것인가, 여기서 또 10분을 기다렸다가 아예 소요산행을 탈 것인가를 고민하다 충동 적으로 전자를 택했다.

창동역에서 의정부까지 6정거장을 이동하고 내려서 10분 휴식, 의정부에서 양주역까지 3정거장을 이동하고 내려서 다시 10분 휴 식. 소요산행 열차가 드문 1호선의 배차 간격 때문에 벌어진 상황은 지하철을 타면서도 멀미를 심하게 하는 나에게 이미 익숙한 패턴이 기도 했다. 당장이라도 깨질 것 같은 머리와 메슥거리는 속 때문에 10정거장 남짓을 이동하는 중에도 2, 3번은 내려서 쉬었다가 이동을 하는 게 흔한 일상이었다. 1호선은 좀 귀찮고, 시간이 오래 걸리지만 내 몸과 잘 맞는 교통수단이었다.

마법의 양탄자를 타고

평소 이용할 일이 거의 없던 1호선의 고전미와 차창 밖으로 보이 는 풍경에 감탄하며 동두천역에 도착했다. 어느새 10시 반이 다 됐 다. 9시 조금 넘어서 집을 나왔는데, 11시면 연천역에 도착할 줄 알았더니 1호선을 너무 얕잡아 봤다. 게다가 동두천역에서 타려고 했던 G2001 빨강 버스는 '60분 뒤 도착'이란다. 동두천역에서 먼저 내린 보람도 없이, 나는 20분 뒤 도착한 39-2번 버스를 탔다. 그래 뭐든 타자, 가자! 연천역으로!

동두천역에서 연천역까지 39-2번 버스를 타고 지나야 하는 정류장은 무려 43개였다. 버스는 냄새와 흔들림이 심할 뿐만 아니라, '섰다, 갔다'의 반복은 멀미에 더욱 치명적이라 출발 전부터 잔뜩 겁을 먹었다. 요금이 더 비싸고 운행 간격이 길어도 G2001 빨강 버스를 타려고 했던 이유도 광역버스는 동두천역에서 연천역까지 4정류장만에 도착하기 때문이었다. 그러나 어쩌겠나. 60분 기다리기보다 43개 정류장 지나치기를 선택한 것을.

반드시 마스크를 착용해야 하는 코로나 시대, 냉방 중이기까지 한 여름철 버스. 창문을 활짝 열고 바깥바람 쐬기 찬스도 쓸 수가 없어 더욱 긴장을 했다. 그런데 버스가 달리기 시작하자 놀라운 일이 펼쳐졌다. 금요일 오전 11시에 올라탄 39-2번 버스는 마치 하늘을 나는 양탄자 같았다. 43개라는 정류장의 숫자를 시원하게 지워 나가며 계속해서 달렸다. 이 버스를 타려고 정류장에 서서 기다리는 사람은 물론 이 버스에서 내리려고 하차 버저를 누르는 사람도 없어서 멈출 일이 없었던 것이다.

'괜히 겁먹었네. 이럴 줄 알았으면 그렇게까지 걱정할 필요는 없었는데.' 생각지도 못한 변수에 멋쩍은 마음으로 연천군청 앞에서 내

연천 〈굼벵책방〉 + 〈책방내일〉

리자 바로 건너편에 내가 검색해둔 카페가 보였다. 목적지를 확인했으니 잠깐 시내를 둘러볼까 싶어 양산을 펴고 길가를 따라 걸었다. 그러다 바로 방향을 바꿔 세련된 인테리어에 초록초록한 잔디밭까지 갖추고 있는 카페 〈카라솔〉로 서둘러 들어갔다. 지하철이나 버스에 탑승하고 있던 시간보다 그걸 타기 위해 기다리고 이동한 시간이 곱절은 더 들었지만, 어찌 됐건 이동하는 데 3시간을 소요한 터였다. 지금의 나에게 필요한 건 처음 와 본 동네 산책보다 예쁜 카페에서의 커피 한 잔이었다.

어머님은 짜장면이 싫다고 하셨어

인터넷 후기는 이러했다. 연천에서 보기 힘든 넓은 카페로 혼자 노트북을 하며 일하기에 좋은 곳. 과연 밖에서 보았을 때와는 전혀 다른 크기의 공간이 펼쳐졌다. 귀여운 잔디밭 앞의 투명한 유리 정원에서부터 시크한 그레이 베이스 위에 블랙 앤 화이트로 포인트를 준 2층의 좌석까지. 카라솔은 #정원카페 #식물카페 라는 태그를 붙여줄 수 있을 만큼 공간 곳곳에 초록이 가득했다. 내 키보다 커다란 알로카시아 앞에 앉았다가, 내가 사랑하는 올리브 옆에 앉았다가, 3m는 족히 넘을 것 같은 대형 테이블 한가운데가 화분으로 가득한 자리에도 앉아본 뒤에야 내 자리를 골라 앉았다. 신중하게 택한 자리에 앉아 커피를 마시니 내 몸의 혈관을 타고 엔도르핀이 주입됐다. 너무나 즉각적이면서도 확실한 효과에 온몸이 부르르 떨렸다. 몽롱하던 멀미약 기운도 날아가고 정신이 번쩍 났다.

커피는 아이를 낳고 나서야, 정확하게는 아이가 어린이집을 다니기 시작한 뒤에야 배운 것 중 하나였다. 서른이 넘도록 대체 이 쓴 물을 왜 마시는지 알 수가 없었다. 하지만 출산 후 나만의 시간을 갖기 위해서는 집이 아닌 공간이 필요했다. 음료 한 잔을 주문하는 것으로 제공받는 카페라는 공간은 쾌적했다. 아메리카노는 어느 카페에서든 가장 저렴한 음료였다. 돈을 버는 것도 아니면서 카페에 가기 위해 2,500원을 써도 되는 것일까? 주저하며 위축됐던 나는 god의 '어머님께' 가사 속으로 걸어 들어갔다. "어머님은 짜장면이 싫다고 하셨어." 하는 노랫말처럼 "어머님은 아메리카노가 좋다고 하셨어." 노래하며 제일 싼 음료를 시켰다. 그 노래가 진짜인 양 남기지 않고 마시려 노력했다.

언제 떠올려도 궁상맞고 안타까워 후회가 되는 내 모습이지만 그 시간을 지났기에 오늘의 내가 있었다. 그때의 나 덕분에 오늘은 진짜 부를 수 있었다. "어머님은 아아가 좋다고 하셨어. 어머님은 아아가 좋다고 하셨어." 열 살을 앞둔 어머님은 금요일 정오, 태어나 처음 와 보는 동네의 힙한 카페에 앉아 아메리카노를 마셨다. 조금의 죄책감도 없이 혼자만의 시간을 만끽하면서, 최대한 천천히 마시려 노력해도 순식간에 얼음만 남고 마는 유리잔을 아쉬워하면서.

어느새 오후 1시, 예약해 둔 〈굼벵책방〉의 원화 전시 방문 시간이 됐다. 여기서 책방까지는 4km로 한 시간쯤 걸어 갈 계획이었다. 책방 주변에는 식사를 할 만한 곳이 없어 연천역 근처 식당을 찾았다. 버스를 타느라 멀미를 한 내 몸은 밥이 아닌 빵을 달라 명령했다. 내 손은 빠르게 '연천역 빵집'을 검색했고, 내 다리는 그 검색의 결과가 안내하는 곳으로 633m를 움직였다. 내 몸은 금방 연천역 근처의 〈안제리나 베이커리〉 앞에 섰다. 노란색 간판 위에 파란색 글씨, 진청색 차양과 청록색 출입문의 조화가 이색적이었다. 마치 오랜 시간을 품고 있는 연천의 스웨덴 같았다. 세월이 느껴지는 외관과 내부는 19년째 자리를 지키고 있는 동네 빵집 다운 분위기를 물씬 풍겼다.

진열된 빵은 다양하고 트렌디했다. 쟁반을 들고 한 바퀴, 또 한 바퀴를 돌았다. 쟁반 위에 BLT 샌드위치와 소금빵이 올라갔다. 요즘 가장 핫한 소금빵이 여기에도 있음에 짐짓 놀라며 빵을 먹을 때 빠질 수 없는 200ml 우유도 함께 구입해 매장 안쪽에 있는 테이블에 앉았다. 신선한 토마토가 상큼하게 씹히는 BLT 샌드위치에 바짝하면서도 쫄깃한 소금빵! 식빵이 3장이나 들어간 샌드위치 반쪽과 소금빵 하나를 순식간에 해치우고 남은 샌드위치 반쪽과 추가로 구입한 소금빵 하나를 가방에 넣고 가게를 나와 양산을 펼쳤다. 이것으로 카페인에 탄수화물은 물론, 이따 먹을 저녁까지 충전 완료! '이제 〈굼벵책방〉을 향해 걸어가자!'

버리지 못했던 것들을 버려요

처서가 지난 8월의 바람은 시원했다. 모든 감각을 열어두고 눈앞의 풍경에만 집중하는 길, 신나는 댄스 음악 대신 풀벌레 소리가 가득한 길이었다. 이 길을 더 편하게 즐기고 싶어 무게를 줄였다. 아니 줄이는 법을 배웠다. 일정과 일정 사이 들뜨는 30분도 버릴 수 없어 매일 백팩을 메던 나였다. 10분 먼저 도착한 약속 장소에서도 글을 쓰겠다며 노트북을 넣고 다녔다. 하지만 책방 여행의 하이라이트는 책방이라는 목적지 자체보다 책방에 도착하기까지의 여정에 있음을 알게 되었다. 기차도, 지하철도, 버스도, 택시도 아닌 내 두 발로, 나에게 가장 안락한 이동 수단을 마음껏 이용하기 위해서는 버려야만 했다.

내 시간을 조금도 낭비해서는 안 된다는 생각, 아무것도 하지 않는 것은 나태라는 생각, 가능한 더 많은 것을 더 높은 효율로 해내야 한다는 생각. 내가 버려야 하는 것은 바로 이런 것들이었다. 그런 생각들이 내 숨통을 조여온다는 것을 알고 있음에도 버리지 못하고 있던 나에게 하룻밤 여행은 알려주었다. 자동차를 운전해서 가면 금방 도착할 곳을 3시간이나 걸려 갈 때 얻을 수 있는 즐거움이 있다는 것. 나도 3시간쯤을 침대에 누워 멍만 때릴 수 있는 사람이었다.

매일 반복하는 일상에서 벗어나자 다른 일이 벌어졌다. 처음 가본 장소에서의 시계는 느리게 갔다. 째깍째깍 요란한 소리를 내며

할 일을 재촉하던 초침이 침묵했다. 분침은 물론, 시침의 위치조차 중요하지 않았다. 능률이나 성과 같은 결과는 사라지고, 처음부터 끝까지 모든 순간의 과정만이 전부인 시간. 한 달에 한 번, 나는 그런 세상으로 들어갔다. 그 세상 안에서 버릴 수 있게 됐다. 덕분에 노트북 없는 가벼운 가방, 가벼운 몸으로 50분을 걸어 책방 앞에 도착했다.

빠름과 느림의 신기한 조합

〈굼벵책방〉은 올해 문을 연 그림책방으로 '느림이 허락되는 곳'이라 했다. 아이 둘을 키우며 그림책에 빠진 책방지기는 어릴 때부터 행동이 굼뜨고 느려서 지었다는 자신의 닉네임 '굼벵'을 책방의 이름이자 정체성으로 선택했다. 책방은 '빠르게'를 강조하는 세상 속에서 한껏 늘어져 있는 방법으로 느리게 보는 그림책을 제안한다. 아이러니하면서도 재미있었던 건 바로 책방의 위치. '느림'을 강조하는 책방이 '빠름'하면 빠질 수 없는 경주마들이 있는 연천승마공원과 딱 붙어 있었다. 〈굼벵책방〉에 가기 위해서는 반드시 연천승마공원을 지나야 하는 구조인데, 그래서 나는 7만여 제곱미터에 달하는 승마공원의 초지에서 풀을 뜯고 있는 말들과 먼저 인사를 나누었다.

하얀 말, 까만 말, 갈색 말, 커다란 말과 작은 말. 뭉게구름이 가득한 하늘 아래 한가로이 풀을 뜯는 말들을 보니 내가 마치 그림책 속에 들어와 있는 듯했다. 느림과 빠름, 굼벵과 경주마, 그림 책방과 승마공원. 접점은커녕 정반대에 있을 듯한 조합인데, 그렇기에 더 통하는 걸까? 심지어 둘은 같은 색, 같은 방식으로 지어진 건물로 묘한 유사성이 있었다. 그 안에 숨겨진 비밀은 둘을 연결하는 또 다른 키워드로 드러났다. 〈굼벵책방〉과 연천승마공원은 '과거와 현재, 결합과 성장, 아버지와 딸'로 연결됐다. 사연인즉 연천승마공원은 굼벵책방지기의 아버지가 운영하는 곳으로, 〈굼벵책방〉은 아버지가 직접 짓고 가족 모두가 함께 살던 건물의 한 층을 리모델링해서 만든 공간이다. 책방지기 굼벵님은 결혼을 하며 떠났던 나고 자란 곳에 다시 돌아와 책방을 만들었다.

늦여름의 녹음이 우거진 산세를 배경으로 쏟아져 들어오는 햇살이 눈부신 공간. 〈굼벵책방〉은 광합성이 허락되는 곳이자 비타민 충전소였다. 뜨거운 태양 아래 40여 분을 걸어오느라 땀이 난 나는 보기만 해도 속이 뻥 뚫리는 통창 앞에 앉아 숨을 골랐다. 연천역에서부터 여기까지 어떻게 걸어왔냐 놀라워하는 책방지기님께 노트북을 두고 와서 괜찮았다고 말하며 하룻밤 옷가지만 최소한으로 챙긴 여행 가방의 가벼움을 자랑했다. 그 말을 들은 굼벵님은 깜짝 놀라 동그랗게 뜬 눈으로 물었다. "슬기쌤이 노트북을 두고 왔다고요? 내가 아는 슬기쌤 맞아요? 슬기쌤이 노트북을 두고 다닐 수도 있어요?!"

우리 사이는 2018년 10월 4일 시작됐다. 2017년 10월 시작한 그림책 모임이 만 1년 지났을 때, 나는 세 명의 새 멤버를 모집하는 글을 올렸다. 미래의 책방지기 굼벵님은 그 글에 두 번째로 댓글을 남겼다. 10월 15일 처음 만난 우리는 매주 월요일 오전을 그림책으로 채웠다. 2019년 12월, 아이들의 겨울방학이 끝나면 다시 모이자 인사하며 우리 모임도 방학을 시작할 때는 누구도 몰랐다. 그 방학이 코로나 바이러스를 만나 1년, 2년 넘게 이어질 거라고, 그 멤버 중 한 사람이 그림책방을 차리게 될 거라고. 코로나 팬데믹으로 모든 모임이 멈춰버린 사이 굼벵님은 꿈틀꿈틀 움직여 자신의 꿈을 이뤄냈다. '그게 되겠어? 그림책이 팔리겠어? 거기까지 가는 사람이 있겠어?' 묻고 또 묻는 모든 말들을 뚫고서.

달라진 우리, 요즘 나는요

대체 얼마 만인지 모를 만남 앞에서 서로에게 감탄했다. 달라진 상대의 모습에 놀라움을 감추지 못했다. 어엿한 책방지기가 된 그녀의 모든 것이 대견했다. 마냥 흐뭇하고 자랑스러웠다. 내가 노트북을 두고 왔다는 사실에 놀란 그녀는 내가 훨씬 편안하고 여유로워 보인다고 했다. 편하고 걱정 없이 좋은 상태, 물질적/공간적/시간적으로 넉넉하여 남음이 있는 상태, 느긋하고 차분하게 생각하거나 행동하는 마음의 상태, 대범하고 너그럽게 일을 처리하는 마음의 상태.

국어사전이 정의하는 '편안하다'와 '여유롭다'는 오랜 시간 나에게 허락될 수 없는 것이었다. 나는 산더미 같은 걱정을 생산하며 쉴 새 없이 움직이는 사람이었다. 조급한 마음으로 언제나 서둘렀다. 누구보다 빠르게 더 많은 일을 처리하면서도 결과는 늘 완벽해야만 했다. 용납할 수 없는 실수가 벌어지지 않도록 긴장하며 나를 채찍질했다. 출산 후 만 9년이 지났던 작년 11월, 내 손가락은 성한 곳이 없었다. 피가 나도록 물어뜯은 손톱들이 비명을 질러댔다. 코로나 기간, 건물 입구에서 손소독을 할 때마다 손끝 상처에 닿은 알코올의 쓰라림에 몸서리를 쳤다. 그 아픔의 강도가 유난히 심했던 어느 날, 등줄기를 타고 머리끝까지 찌릿해지는 통증 속에 생각했다. 이젠 달라져야 한다고, 더 이상은 버틸 수 없다고.

'익숙하게 반복해왔던 삶의 패턴을 정말 바꿀 수 있을까? 대체 무엇을 어떻게 해야 할까?' 오래도록 고민했지만 찾을 수 없었던 답을 더는 찾지 않기로 했다. 대신, 보이지 않는 답은 보이지 않는 채로 일단 덮어놓고 새로운 보자기를 들춰 보기로. '지금까지 전혀 해보지 않았던 걸 해보자'는 생각, 내가 상상해 본 적도 없는 '짓'을 해보자는 결심은 그렇게 왔다. 여행을 좋아하지도 않는 사람이 한 달에 한 번, 그것도 나 혼자 여행을 가겠다고 나선 이유는 그게 지금까지의 나와 가장 어울리지 않는 일이었기 때문이다. 누가 시키거나 돈을 줘도 할 생각이 없었던 일, 관심조차 가져본 적이 없던 일. 내가 할 수 있는 가장 의외의 선택을 했다. 한 달에 한 번 나 혼자 여행을 가고, 4주에 한 번 네일숍에서 젤네일을 받았다. 여행과 네일은 나를 엉뚱한 곳에 데려다 놓는 행위이자 특별한 의식이었다. 이전과 다른 10년을 살고자 하는 나만의 통과의례가 이어지는 중이었다.

12월부터 8월까지, 여덟 번의 여행을 다녀오는 동안 열한 번의 네일을 받았다. 어린 시절부터 멀쩡할 틈이 없었던 손톱을 강제 봉인했다. 3~4주에 한 번씩 네일숍의 의자에 앉아 내 손톱을 지켜봤다. 단단한 젤 네일의 보호 아래 손톱이 자라나고 있었다. 나날이 변했다. 보고 또 보면서도 믿을 수 없는 내 손톱에 감탄하며, 잔뜩 긴장해서 손톱을 뜯는 상황을 줄여갔다. 주말도 없이 매일 7시간씩 내리 앉아 원고를 쓰던 작업 방식을 지속하지 않기로 했다. 직업으로서의 글쓰기, 책을 위한 글쓰기는 오전 9시부터 12시까지 딱 오전 한 타임만, 하루에 A4 1페이지를 채우는 것을 목표로 평일 중 3-4일만 썼다. 일주일에 하루 이틀은 오로지 즐거움을 위한 글을 썼다. 틈틈이 피아노를 치고, 자주 책을 읽었다. 주말은 일을 하지 않고 쉬었다.

열두 번째 네일을 하고

노트북을 가지고 나가지 않는 날이 많아졌다. 잠을 더 오래 잤다. 한 달에 한 번, 새로운 곳에 갔다. 그리고 연천에 오기 일주일 전, 열두 번째 네일을 받았다. 이번에 선택한 네일은 그 어떤 색도 바르지 않는 것이었다. 갑옷처럼 두툼하게 올려두었던 열한 번째 네일을 벗겨내고 맨 손톱으로 돌아왔다. 내가 과연 손톱을 다시 뜯지 않을 수 있을까? 30년 넘게 고치지 못했던 습관이 이제 사라졌을 거란 확신 같은 건 들지 않았다. 다만 내 느낌을 따라가 보고 싶었다. 지금쯤 시도해 보면 좋겠다고, 바로 지금이라고. 내 안의 내가 속삭이는 목소리에 그 무엇도 올리지 않은 맨 손톱을 선택했다. 그리고 오늘 여기 〈굼벵책방〉에서 상처 없는 손으로 얼음이 가득 담긴 유리잔을 잡았다.

이제 고작 일주일이지만 내 손톱은 (아직) 무사하고, '편안하고 여유로워 보인다'는 말을 들었다. 그 무렵 만난 지인들에게 공통적으로 들었던 말이었다. 남들이 하는 말을 넘어 나도 느끼는 중이었다. 아무 걱정이 없어 마냥 편하고 좋은 상태는 아니지만, 내 마음이 넉넉하여 남음이 있는 상태임은 분명했다. 그 여백을 즐기며 원화전을 감상했다. 인쇄 과정에서 사라질 수밖에 없는, 질감이 살아있는 원화는 강렬했다. 전시 중인 다시마 세이조의 다양한 작품 중에서도 전시실에 놓인 염소 시즈카와 진하게 만났다. 내가 사랑하는 초록 풀 속에 앉아있는 시즈카, 누워 있는 시즈카, 고개를 숙인 시즈카, 잠을 자는 시즈카. 시즈카의 그림에는 많고 많은 초록이 파랑과 함께 펼쳐져 있었다. 신비로운 색채 앞에서 한참을 머물다 책방에 있는 그림책을 탐색했다.

출입구 앞쪽의 판매서가 외에도 엄청난 양의 그림책이 꽂혀 있는 열람 서가와 느림을 주제로 한 그림책이 모여 있는 주제 서가가 안쪽 공간에 이어져 있었다. 책방 곳곳에 놓인 의자에 앉아 마음껏 책을 봤다. 그림책 여행은 오랜만이었다. 그림책은 나에겐 멀고 어려운 그림을 나에게 익숙한 글로 엮어 풀어 준 고마운 친구였다. 그림의 에너지에 감탄하면서도, 그림을 보러 갈 엄두를 내지 못하는 내가 이동을 하지 않고도 즐길 수 있는 일상의 예술이었다.

어느 계절, 어느 날씨에 펼쳐 보아도 초록에 폭 빠질 수 있는 그림책《나의 오두막》을 구입하고 보니 그림책과 같은 일상의 예술이야말로 우리 몸에 필요한 비타민이라는 생각이 들었다. 주영양소나 무기 염료는 아니지만 물질대사나 신체기능을 조절하는 데 필수적인 영양소, 다량이 필요하진 않고 소량으로 인체에 작용하지만 반드시 섭취를 통해 보충해 줘야 하는 영양소. 그것이 바로 소소하고 평범하지만 우리의 하루에 아름다움을 전해주는 예술이 아닐까? 잠깐 펼쳐 읽는 그림책 한 페이지에 담긴 초록과 내 손으로 연주하는 악기의 선율. 미량이어도 충분하지만 외부와의 상호작용을 통해 흡수해야 하는 순간들은 빠름과 효율, 성과의 영역에는 존재할 수 없었다.

그래서 〈굼벵책방〉은 승마공원 바로 옆에서 느림을 허락하는 공간이자 동네 책방, 예술관으로 존재했다. 많은 책 중에서도 '굳이' 그림책만, 다양한 그림책 중에서도 느림을 주제로 한 그림책을 대표 큐레이션으로 소개하는 굼벵은 동네 책방이 존재해야 하는 이유를 보여주었다. 동네 책방만의 특색 있는 큐레이션은 내가 원하는 책을 클릭하기만 하면 엄청난 속도로 집 앞까지 배송해 주는 시스템에서는 만나기 힘든 다름을 선사한다. 그 특별한 공간에서 마음껏 속도를 늦추고 머물렀다. 오후 6시, 어두워지는 하늘에 서둘러 가방을 챙겨 나오며 깨달았다. 느림과 빠름은 공존할 수 없는 극단이 아니라는 것. 나란히 붙어 함께 할 수 있는 짝꿍이자 가족이었다.

오늘과내일이 이어준 최북단과 최남단

39-2번 버스를 타고 조금 더 북쪽으로 올라가자, 경기도 연천에서도 최북단에 위치한 북카페 〈오늘과내일〉이 나타났다. 동네 빵집 〈오늘의 빵〉과 작은 서점 〈책방내일〉이 합쳐진 곳이다. 게스트하우스 〈오늘과내일〉도 운영하고 있다. 게스트하우스는 버스정류장(대광초등학교)에서 100m 거리였다. 40년이 넘은 주택을 리모델링한 공간이 동화 속에서 방금 빠져나온 듯한 모습으로 나를 반겨주었다. 보기만해도 기분이 좋아지는 핑크빛 철제 계단을 오르면 나타나는 〈오늘의 빵〉과 〈책방내일〉은 이미 영업이 끝난 시간이었다. 1층의 게스트하우스로 내려갔다. 혼자 묵는 나는 오늘과내일의 두 공간(작은방, 큰 방) 중 작은방을 예약했다. 화장실이 딸려 있는 작은방은 침대와 책꽂이, 빈백 의자가 구비되어 있었다. 모자람 없이 편안한 공간이

었다.

책방지기님의 다정하고도 따뜻한 안내가 작은방 창문에 달린 꽃무늬 커튼처럼 밝고 화사했다. 처음 만난 사이였지만, 책방지기 부부가 연천으로 귀촌하기 전에 살았던 곳이 지금 내가 살고 있는 노원구라 서로 반가워하며 마음을 나눴다. 7월에 방문했던 〈책방 시점〉에서 구입해 온 책,《타인이라는 가능성》에서는 '낯선 이에 대한 두려움은 이야기의 절반일 뿐'이라며 낯선 이는 '우리의 흥미를 불러일으키며, 뜻밖의 가능성과 상상 못한 미래를 약속한다'고 말한다. 그리스인들은 낯선 것과의 우호적 관계, 낯선 사람과 연결되고자 하는 욕망을 '필로제니아'라고 부른다. 익숙하지 않은 것 앞에서 느끼는 두려움과 어색함, 경계하는 마음과 완전히 반대라고 할 순 없다는 필로제니아. 낯선 이는 물론이고, 낯선 공간, 낯선 하루에도 두려움을 불태웠던 나에게도 다가왔다.

한 달에 한 번, 낯선 이를 환대하며 내 집안의 한 공간을 내어 주는 마음 앞에서 조금씩 배워왔다. 낯선 이와의 만남이 내 삶을 풍요롭게 하는 힘이 될 수 있다는 것, 이렇게 찾아온 공간이 언젠가 닥칠 고난과 절망 속에서 찾아갈 구유가 될 수 있다는 것. 그저 돈을 벌기 위한 사업이 아니라 "필로제니아를 잊지 말라. 어떤 이들은 이를 통해 자기도 모르는 사이 천사들을 대접한다."라고 말한 히브리서 13장 2절에 복종하기 위한 것만 같은 공간에 누워 단잠을 잤다. 낮에 먹고 남은 샌드위치와 하나 더 구입해 온 소금빵이 단출한 듯하면서도 넉넉한 양식이 되어주었다.

깊은 잠을 자고 일어나니 6시. 선크림을 바르고 양산까지 챙겨 방을 나섰다. 어제저녁 버스정류장에서 내려 〈오늘과내일〉로 걸어오는 길목에서 본 도신 2리 마을회관 앞의 산책로로 갔다. 조용하고 한적한 동네였다. 어디를 걸어도 좋겠다는 생각에 발길 닿는 대로 걸었다. 10분이 지나기도 전에 시원하게 흐르는 하천과 반듯하게 만들어진 이정표가 나왔다. 여기에서 오른쪽으로 가면 대광리역, 왼쪽으로 가면 군남홍수조절지임을 알려주는 이정표는 이 길이 '평화의 길'이라는 사실도 알려 주었다. 걸음을 옮기는 사이사이 경기둘레길을 안내하는 빨간색 리본도 만났다. 아무 정보도 없이 그저 마을 길을 걸어보자고 나왔던 내가 엉겁결에 평화누리길을 걷고 있었다.

나도 모르게 소름이 돋았다. 지난달 여행을 갔던 강화도에서 서해랑길을 잠깐 걸을 때, 제주도의 올레길을 걸어보고 싶어 9월의 여행지로 올레길 근처 북 스테이를 예약해 둔 참이었다. 그저 멀미가 나는 교통수단을 최소한으로 이용하고 싶었을 뿐, 특별히 어떤 길을 걷고 싶다고 생각해 본 적은 없었던 내가 서해랑길을 잠시 걷고, 그 길 위에서 또 다른 길을 향한 마음을 갖게 된 것도 신기한데, 그 길과 저 길 사이 평화누리길이라는 이 길을 만나 걷고 있었다.

길 위에서 이어지는 우연은 우연이 아니었다. 이 모든 게 아무런 인과 관계없이, 뜻하지 않게 일어난 일이라는 게 믿기 어려웠다. 내 두 다리는 선명한 인과율 위를 걷고 있었다. 서해랑길에서 이어진 길을 따라 걷는 평화누리길은 올레길로 흘러가는 길이었다. 밤늦게 내린 비로 경로의 3m쯤이 물에 잠긴 도로 앞에 다다르기까지 48분 53초를 걷고 몸을 돌려 왔던 길을 되짚어 돌아왔다. 군남홍수조절지를 시작으로 역고드름까지 이어지는 평화누리 12코스가 내게는 북으로 가는 '통일이음길'이자 남으로 가는 '올레이음길'이 되었다.

우리의 존재급여는

어디로 갈 때 두 발 이외의 무언가를 이용한다면 속도가 너무 빨라질 것이며 길가에서 당신을 기다리고 있는 수천 가지의 미묘한 기쁨을 놓치게 되리라.

— 엘리자베스 폰 아르님, 〈매혹의 4월〉 중에서

샤워를 하고 나와 2층에 들어서면서 문 앞의 신발장에 적힌 글귀를 보았다. 대중교통을 이용해 뚜벅이로 여행을 하며 두 시간을 걷고 온 나를 응원해 주는 듯한 구절이었다. 문을 열고 안으로 들어서자 갓 구운 빵 냄새가 밀려왔다. 매일 맡고 싶은 냄새에 감탄하며 자리에 앉아 인턴 직원이 내준 소금빵과 커피를 먹고 마셨다. 〈오늘의 빵〉과 〈책방내일〉이 함께 있는 북 카페 〈오늘과내일〉은 일곱째 날 창조되었다는 평온과 고요, 평화 그리고 휴식과 너무도 잘 어울리는 곳이었다. 평화를 염원하는 마음으로 우리나라 최북단에 있는 연천으로 귀촌을 했다는 책방지기들은 평화누리길을 트래킹 하는 이들이 편하게 머물 수 있는 공간을 제공하고자 게스트하우스를 함께 운영하게 되었단다. 가장 중요한 일이 동네분들과 재미있게 지내는 것이라는 말이 바로 이해가 될 만큼 아침 일찍부터 주민들의 발길이 이어졌다. 아담하게 아기자기한 공간이 두런두런 정겨운 담소로 채워졌다.

반가운 인사와 따뜻한 대화가 가득한 공간은 안락하고 포근했다. 〈책방내일〉은 서점이 자리한 위치와 특성답게 평화와 생명, 인권을 주제로 한 책과 그림책이 어우러져 있었다. 작은 공간이지만 알차게 꾸려진 서가 앞에서 한참을 구경한 뒤 읽고 싶은 책을 골랐다. 오전 10시, 영업시간보다 1시간 30분이나 일찍 들어간 공간에, 오후 3시 50분 남편과 아이가 들어서기 전까지 하늘과 산, 마을 풍경이 잘 보이는 창가 앞에 앉아 책을 읽었다. 첫 장부터 마지막 페이지까지 모두를 읽고 구입한 책은 '렌털 아무것도 하지 않는 사람'이 쓴 책,《아무것도 하지 않는 사람》이다.

〈아무것도 하지 않는 사람〉이라는 대여 서비스를 시작합니다. 혼자 들어가기 어려운 가게 같이 가기, 게임 머릿수 맞추기, 꽃놀이 명당 미리 잡기 등 사람 한 명분의 존재가 필요할 때 이용해 주십시오. 고쿠분 지역에서부터 드는 교통비와 식음료 비용만(돈이 들 경우) 받겠습니다. 아주 간단한 응답 말고는 아무것도 하지 않습니다.

—렌털 아무것도 하지 않는 사람,《아무것도 하지 않는 사람》중에서

렌털 아무것도 하지 않는 사람의 아무것도 하지 않는 활동은 기이하고 이상해 보이기도 하지만 그저 거기에 있는 것만으로도 영향을 미칠 수 있는 사람 한 명분의 존재를 생각하게 했다. 저자는 심리 상담사 고코로야 진노스케가 자신의 블로그를 통해 퍼트린 '존재 급여'라는 개념, 그러니까 급여란 존재하는 것만으로도 얻을 수 있다는 생각, 아무것도 하지 않는 사람에게도 가치는 있다는 생각이 자신의 마음 한구석에도 조금씩 뿌리를 내리게 되었다고 말한다. 나 역시 나자신의 존재 급여를 인정하고 싶었다. '아무것도 하지 않는다 : 목표는 사람 한 명분의 존재를 제공한다, AI에 대항하지 않는다 : 유능하려고 하지 않는다'라는 목차와 부제가 묘한 위로를 주었다.

1+2로 더한 여행의 변주

여기 앉아 책을 읽고 있는 것만으로 사람 한 명분의 존재 가치를 발휘하고 있다는 생각에 휩싸여 있을 때, 팔랑팔랑 아이가 날아왔다. 연천은 나 혼자 머물다 가기에 아까울 만큼 가까운 곳이어서, 1박 2일의 가족 여행을 이어 붙였다. 셋이 시작해 나 혼자 여행을 했던 12월

의 첫 번째 밤을 뒤집어, 이번에는 거꾸로, 나 혼자 먼저 하룻밤을 보낸 뒤 셋이 뭉쳤다. 혼자만의 시간을 마음껏 보낸 뒤의 만남은 진하고 애틋했다. 남편과 아이를 향한 애정과 다정함이 폭발했다. 고작 하룻밤이지만 서로를 향한 사랑을 더 뜨겁게 만드는 하루의 힘으로 아이를 폭 끌어안았다.

아무것도 하지 않아도, 유능하지 않아도, 그저 존재하는 것만으로 충분한 것, 더 바랄 것이 없는 상태. 나는 너에게, 너는 나에게, 내가 나에게, 또 네가 너에게, 우리는 서로에게 또 나 자신에게 기꺼이 존재 급여를 지불하는 사람이 되자 속삭이며 책방을 나섰다. 사람 두 명분의 존재가 추가된 1+2의 연천 여행, 셋이라 또 특별한 하룻밤이 시작됐다. 셋이 된 우리는 연천에 있는 왕실 고택, 〈조선왕가〉에서 글램핑을 했다. 200년이 되었다는 전통한옥과 고택 안의 넓은 잔디밭에 자리한 카라반에서 머물렀다. 꽤나 부담스러운 가격임에도 야심 차게 예약한 카라반에서 깨달았다. 벌레라면 질색을 하는 우리 모녀에게 캠핑은 그게 아무리 럭셔리한 글램핑이라 한들 딱 한 번의 경험으로 족했다고.

지네와 그리마가 자리를 지키고 있는 싱크대에서 소리를 지르며 야채를 씻고, 화로에 구운 고기를 옮기다가 반쯤 바닥에 쏟아 길고 양이의 배를 불려주었다. 여름의 끝자락임에도 끝없이 달려드는 모기와 사투를 벌이고, 8월 중 가장 낮은 기온을 기록한 밤을 최북단 연천에서, 그것도 전기장판이 망가진(!) 텐트 안에서 오들오들 떨며 가을을 맞이했다. 다음날 아침, 아이는 너무 재미있었지만 다음에는 꼭 호텔에 가자고 말했다. 우리는 꺄르르 웃으며 빠르게 짐을 정리해 나왔다. 조선왕가 바로 근처에 있는 카페 〈연천회관〉에서 안락하고 여유로운 티타임을 누린 후, 나 혼자 갔던 〈굼벵책방〉을 다시 방문했다.

〈굼벵책방〉과 원화전은 나 혼자 가야 즐길 수 있는 곳인 동시에 아이와 함께 오고 싶은 곳이었다. 둘 다를 선택한 내 결정은 완벽했다. 아이는 처음 보는 그림책 원화에 "멋지다!"를 반복하며, 이틀 전 엄마가 점 찍어둔 최애 작품을 가장 마음이 가는 작품으로 꼽았다. 책을 보는 시간보다 통창 앞의 책상에 앉아 그림을 그리는 시간, 넓은 책방 곳곳을 돌며 아빠랑 슬며시 즐긴 숨바꼭질에 더 진심인 모습이었지만 그것으로 충분했다. 아이는 일주일에 한 번씩 친구들과 함께하는 북클럽에서 읽고 싶은 그림책과 갖고 싶은 그림책을 골랐다. 그리고 출발 30분 전, 나란히 멀미약을 먹고 집으로 돌아왔다.

나와 똑 닮았으면서도 다른, 너와 따로 또 함께하는 여행. 혼자 하는 여행의 변주는 이렇게 또 한 절을 추가했다. 그 변주의 중심에 있는 아이는 벌써 다음 여행 일정을 확인하며 말했다. "엄마 다음 달은 제주도로 간다고 했지? 언제 가? 며칠 남았어? 나 혼자 학교 가고 잘할 수 있으니까 걱정하지 말고 길게 갔다 와. 길~~~~~~~게 ~~~~~"

비행기를 타고 가는 섬이라는 특수성을 반영하여 무려 3박 4일의 일정을 잡아 놓고 정말 이래도 되나 떨고 있는 내 엉덩이를 팡야팡야 두드리며 격려하는 11살 어린이는 이제 은근히 엄마의 부재를 기다렸다. "딱 하룻밤도 아니고, 두 밤도 아닌 세 밤인데! 정말 아무렇지도 않은 거야? 가도 괜찮은 거야?!" 나만 빼고 모두가 괜찮다 끄덕이는 여행이 한 걸음 앞으로 다가와 있었다.

길 위에서 버리고 달라지는 나는 변했네

<굼벵책방>은 수요일부터 일요일까지 10~18시 운영
한다.(매주 월, 화 휴무) 판매용 서가에 준비된 그림책을 구
입할 수 있고, 3천 여권의 국내외 소장 그림책과 아트북,
그림책 관련 이론서와 에세이, 잡지 등을 열람할 수 있
다. 별도의 전시실을 갖추고 있으며, 그림책 관련 상시
전시는 물론 특별 원화전을 열기도 한다. 전시와 영업 관
련 소식은 블로그나 인스타그램, 네이버 소식에서 확인
할 수 있다.

굼
벵
책
방

게스트하우스 <오늘과내일> 이용 예약은 인스타그램 (today_n_tomorrow8510)의 dm이나 전화 (0507-1392-8210)로 할 수 있다. 홈페이지나 포털 사이트의 예약 시스템에 익숙해진 우리에게는 다소 의아하고 낯설 뿐 아니라 불편하게 느껴질 수도 있는 방법이나, 숙박 문의에 응대해 주시는 메시지를 받고 나면, 여기가 왜 '피정공동체'인지 이해할 수 있다. 북카페 영업일은 화요일~토요일(일, 월 휴무), 영업시간은 오전 11시 30분~오후 7시까지이며 변동이 생길 경우 인스타그램에 공지가 올라온다.

분노보다
이해

제주
〈제주
살롱〉

제주에서
건져 올린
음표,
타인이라는 음악

비행기에 올라타는 순간까지 내 마음은 몹시 우울했다. '혼자 3일
이나 지낼 수 있을까? 그것도 비행기를 타고 가야 하는 섬에서?' 신
이 나기보다 덜컥 겁이 났다. 남편도, 아이도 있는 여자가 혼자 떠나
는 3박 4일간의 제주 여행. 많은 이들에게 이 여행이 부러움의 대상
일 거란 걸 알면서도 어찌할 수 없었던 마음으로 날아올랐다. 불안
이라는 구름을 뚫고서, 우울이라는 대기를 지나서.

오전 11시 20분, 구름과 구름 사이에서 잠이 든 불안과 우울은 스
르르 흩어졌다. 멀미약에 취해 반쯤 정신을 잃고 단잠을 잤다. 비행
기가 다시 구름을 뚫고 제주의 땅에 발을 내렸다. 쿵, 하는 진동과 함

께 내 마음도 안착했다. 한결 차분해진 마음으로 101번 급행 버스를 타고 김녕으로 갔다. 접근 중인 태풍의 영향으로 차창 밖이 보이지 않을 정도로 빗줄기가 쏟아졌는데, 김녕서포구에 도착하자 눈을 뜨지 못할 만큼 따가운 햇볕이 내리쬐고 있었다. 강렬한 제주의 태양과 인사하며, 양산을 펼쳐 썼다.

양산은 똑 부러졌지만 내 몸은 달콤하게

김녕 해수욕장 앞을 지나 제주시 구좌읍 해맞이해안로를 걸었다. 10분도 되지 않아 쓰고 있던 양산의 살이 댕강 부러졌다. 쨍한 날씨와 상관없이 바닷바람이 어찌나 요란한지, 다른 양산보다 곱절은 비싼 최고급 양산의 탄성 좋은 소재도 10분을 버티지 못했다. 이럴 줄 알았으면 모자를 챙겨왔을 것을. 올레길에 대한 이해도, 준비도 부족했던 나는 온몸으로 한낮의 햇빛을 받으며 걸었다. 둘레길은 잘 닦인 평지가 아닌 돌길, 울퉁불퉁 까만 현무암 위로 이어졌다.

강렬한 뙤약볕과 쉴 새 없이 몰아치는 바닷바람에 자꾸 얼굴에 엉겨 붙는 머리카락을 연신 떼어내면서, 집을 나서기 직전까지도 갈팡질팡 고민하다 끝내 노트북을 집에 두고 온 나를 칭찬했다. 여기서 가방까지 무거웠다면 어쩔 뻔했는가! 생각만 해도 아찔해지는 정신에 절로 깊은 안도와 감사가 터져 나왔다. '역시 가방은 가벼워야 했

어! 남편의 유혹에 넘어가지 않길 잘 했어!'

총 길이 17.6km, 소요 시간 5~6시간, 난이도 별 2개 반의 20코스. 올레길 20코스는 26개의 올레길 중 내가 고른 길이었다. 초보자가 걷기에 험하지 않은 난이도, 제주공항에서 이동하기도 괜찮고, 북 스테이 게스트하우스까지 있어 이보다 좋을 수 없는 선택이었다. 그리 길지도, 어렵지도 않은 고작 한 코스지만 오롯이 혼자 걸어보는 나의 첫 코스를 최대한 즐기고 싶었다. 가방 무게는 길 위에서의 컨디션과 직결됐다. 제주에서는 좀 더 자유롭고 싶었다. 하지만 정말 노트북을 두고 가면? 내가 과연 노트북 없이 나흘을 보낼 수 있을까? 그것도 아는 사람이 한 명도 없는 낯선 동네에서? 태풍 때문에 계속 비라도 오면? 숙소에 틀어박혀 무얼 하고 시간을 보내지?

"노트북을 두고 간다고?? 나는 반대일세! '가지고 가야 한다'에 한 표를 던지겠어. 당신이 노트북 없이 3박 4일을 보낼 수 있겠어? 하루 이틀도 아니고 나흘 씩이나?! 어후, 그건 안 될 일이지. 그냥 들고 가시죠!"

남편의 확신에 나는 흔들렸다. 그러나 끝내 노트북을 넣지 않은 건 즉각적이고도 반사적인 몸의 선택이었다. 노트북을 넣은 가방을 한 번, 넣지 않은 가방을 한 번, 차례로 어깨에 메어보자 답이 나왔다. 제주에서 어떤 일이 벌어지든 이건 놓고 가야 할 물건이라고, 내가 짊어지고 다닐 수 있는 무게가 아니라고. 내 몸은 단호하고도 강경한 목소리로 말했다. 그 말은 옳았다. 늘 있어야 한다고 생각했던 것과의 단절은 가벼움이었다. 덜어냄을 배우며 해맞이해안로를 걸었다. 에메랄드빛 바다가 펼쳐진 해변에서 웨딩촬영 중인 커플 곁을 지나갔다. 보드랍게 흩날리는 살구빛 드레스를 보자 씨익, 흐뭇한 미소가 퍼져 나왔다. 내 마음도 함께 간질간질, 달콤해졌다.

먹고 걷고, 먹고 또 걷다 보면

올레길을 30분쯤 걷다 보니 어느새 오후 2시가 훌쩍 넘은 시각, 덩개해안에 위치한 카페 〈델문도 김녕점〉에 들어갔다. 건물 전체가 통유리로 되어 있어 어디에 앉아도 제주의 바다를 볼 수 있는 카페였다. 얼음이 동동 올라간 아메리카노를 들고 2층에 앉았다. 카페 앞의 파릇한 잔디밭과 편도 1차선의 쭉 뻗은 해안 도로를 넘어 제주의 돌과 쪽빛 바다, 그리고 파란 하늘이 이어졌다. 아무 말도 하지 않고, 아무것도 하지 않고, 그저 눈앞의 풍경을 바라보며 커피를 마셨다. 약국에서 미리 사 온 피로회복제와 경구용 앰플도 복용했다. 남들은 숙취해소제로 먹는다는 간장질환용제가 나에게는 장거리 이동 시 꼭 필요한 멀미 해소제로 쓰였다. 화이트톤의 깔끔하고 넓은 카페에 앉아 에너지를 충전하는 시간. 카페인과 타우린, L-아르기닌이 내 몸속 곳곳에 퍼져갔다.

해안 도로를 따라 월정리 해수욕장까지 1시간여를 더 걸었다. 월정리 해수욕장 근처에 있는 디저트 카페 〈베이글림림〉에 들어가 샌드위치를 먹었다. 걷기와 먹기는 완벽한 짝이었다. 올레길과 카페의 행복한 반복, 환상적인 컬래버레이션! 몇 번이고 반복하고 싶은 루트를 즐기며 다시 걸었다. 월정리 해수욕장에서 게스트하우스까지는 해안 도로가 아닌 동네길, 들길, 밭길, 숲길로 이어졌다. 구멍이 숭숭 난 현무암 사이사이 돋아난 초록빛 풀을 밟으며 걸었다. 저기 저 건너편에서 키 작은 요정이 나타날 것만 같은 나뭇잎 터널도 지났다. 금요일 오후의 둘레길은 생각보다 더 고요했다. 인적 없이 조용한 한적함을 벗 삼아 걸었다. 제주의 새와 바람, 풀벌레만이 곁에서 말을 걸었다. 잠잠한 길 위에서만 들을 수 있는 속삭임이었다.

베이컨이 들어간 BLT 샌드위치가 기분 좋게 소화될 무렵, 〈책닦는남자〉 앞에 도착했다. 2014년 집을 짓고 2015년부터 운영했다는 게스트하우스의 세월이 느껴지는 외관이었다. 문을 열고 들어가 내가 묵을 방을 안내받고 가방만 내려 놓은 뒤 서둘러 밖으로 나왔다. 평대리의 해변 앞으로 가 끝없이 펼쳐진 바다와 석양을 바라보며 오늘의 걷기를 마무리했다. 오늘 하루의 이동 거리는 24.8km, 31,958보를 걸었다. 남은 코스 1/3은 다음날 아침의 산책길로 남겨두고 숙소로 돌아왔다.

〈책닦는남자〉는 책을 구입할 수 있는 서점은 아니지만 만화책과 소설책이 거실과 작은 테라스에 가득 채워져 있었다. 바닷가의 습한 더위로 끈적이는 몸을 뜨거운 물줄기 아래에서 시원하게 풀어주고 거실 책꽂이에 가득한 만화책과 소설책을 구경했다. 보고 싶은 책을 골라 공용 공간이나 방에서 마음껏 즐길 수 있다. 평소 다양한 분야의 책을 고루 읽으면서도 특히 좋아하는 건 소설인데, 여기에서만큼은 소설보다 만화책을 읽고 싶었다. 침대에서 혼자 뒹굴뒹굴하며 읽는 만화책이라니! 학창 시절로 돌아간 듯한 밤이었다.

제주의 아침 길은 풍요로 가는 그린카펫

쿠션에 기대앉아서 한 권을 읽고, 쿠션을 깔고 엎드려 또 한 권을 읽고, 옆으로 누워서, 베개를 베고 누워서, 그때그때 끌리는 포즈로 몸의 방향만을 바꿔가며 골라 온 만화책을 실컷 읽다 잠이 들었다. 6시가 조금 넘은 시각, 밝아오는 아침해의 기적을 느끼며 밖으로 나갔다. 현관문에서 다섯 발자국이면 닿을 수 있는 올레길 20코스에 다시 발을 내디뎠다. 간밤에 살짝 내린 비로 촉촉해진 흙길을 걸었다. 총총총, 밭고랑 사이를 누비고 있는 꿩을 만났다. 돌담 아래에서 풀을 먹는 말을 보았다. 아침 산책길에 보이는 새가 꿩이라니, 길가에서 말을 만날 수 있는 동네라니. 과연 제주였다. 여느 날과 같은 아침 걷기지만, 여느 날과 같을 수 없는 산책길이 이어졌다.

밭담(밭 주위를 메워 두른 담)을 따라 걷다 너른 들판을 걸었다. 돌과 잡풀이 우거진 이 길을 제주어로는 '벵듸 길'이라 했다. '벵듸' 또는

'벵디'라고 불렀던 평대 마을의 유래를 짐작하게 하는 옛길이었다. 우거진 풀 한가운데 좁게 뻗은 길은 구름 가득한 하늘로 향했다. 벵디 길은 하늘로 가는 그린카펫이었다. 폭신폭신 사그락한 풀카펫을 지나 다시 해안가를 따라 걸었다. 세화해수욕장이 끝나는 갈림길 바로 앞에 제주해녀박물관이 나타났다. 올레길 20코스의 도착지이자 21코스가 시작되는 곳이었다. 올레길을 알려 주는 리본은 계속해서 이어졌다. 그 어디에서도 '끝'이라는 표식은 찾을 수 없었다. 물 흐르듯 이어지는 21코스의 길을 바라보며 생각했다. 나의 시절도 이렇게 흘러가겠구나. 여기에서 저기로 이렇게 이어지겠구나.

내디뎌 보지 못한 21코스의 길이 유난히 더 짙은 초록으로 다가왔다. 마치 나를 유혹하듯 우거진 초록이었다. 그 길을 뒤로 한 채 제주 해녀항일운동 기념탑 앞에 앉아 잠시 쉬었다. 걸어왔던 길이 아닌 다른 길을 따라 숙소로 돌아왔다. 세화리의 농협과 제분소를 지나서, 당근 모양의 돌의자가 길 앞에 놓여 있는 세화 초등학교를 지나서, 평대동길을 따라서. 눈앞에서 시작하는 21코스를 뒤로하고, 돌아오는 길이 푸근했다. 무언가를 더 해내고 싶다는 갈망이나 아쉬움이 조금도 없는 상태. 언제 열어봐도 좋을 보물 상자를 손에 쥔 듯 넉넉한 마음이 가득 찼다. 넘치는 풍요에 흠뻑 젖은 몸을 씻고 나와 푸짐한 아침도 먹었다. 토스트기에 바싹 구운 식빵도 2장, 달걀 프라이도 2개. 기상 직후 2시간 걷기로 주린 배를 채운 뒤 숙소를 나섰다.

커피 or 당근? 당근이지!

'커피를 마시러 갈까, 당근주스를 마시러 갈까?' 해안로를 따라 걸으며 행선지를 고민했다. 지난밤, 주변 카페를 검색해 보고, 아침에 2시간을 걸으며 구좌의 곳곳을 누벼보니 당근을 재료로 한 음료와 디저트를 판매하는 곳이 많았다. 구좌의 특산물이 당근이라는 걸 구좌에 와서야 알게 된 사람이지만 그래도 구좌에 왔으니 응당 당근 카페에 들어가 당근 주스 한 잔은 마셔봐야 할 텐데. 모닝커피에 길들여진 나의 몸은 당근 카페가 아닌 커피 카페로 나를 데려갔다. 평대 해변의 해안 도로 바로 앞에 있는 카페 〈르토아 베이스먼트〉로 들어섰다. 화이트 톤의 깔끔한 인테리어를 맛볼 수 있는 바다 뷰 2층과 콘크리트와 철근의 묵직한 멋스러움을 경험할 수 있는 초록 뷰 1층이 어우러진 카페였다.

두 가지 맛을 한 번에 선사하는 카페에 만족하며 2층의 탁 트인 창 앞에 앉았다. 바다를 바라보며 아이스 아메리카노를 즐겼다. 조금 뒤, 1층 통 창 앞으로 자리를 옮겨 제주의 돌담과 나무, 잔디를 바라봤다. 노트북 대신 들고 온 블루투스 키보드로 글을 썼다. 하지만 짧은 글 하나를 마무리하기도 전에 짐을 챙겨 카페를 떠나야 했다. 이보다 조용하고 여유로울 수 없었던 카페에 스무 명이 넘는 단체 관광객이 들어오더니 견딜 수 없는 소음과 욕설로 가득 찼던 것이다.

여기가 만약 동네였다면 '왜 저렇게 소리를 지르면서 이야기하지? 아무리 그래도 공공장소인데 너무 심한 비속어 사용은 아니지 않나?' 하며 절로 짜증이 솟구쳤을 텐데, 여기에 더 머물 수 없겠다는 판단이 마치 당근주스도 마셔보라는 제주의 계시처럼 느껴졌다. '아하! 당근 카페에도 가보라는 거구나. 이렇게 된 김에 아침에 봤던 그 카페에 가보라는 거야.' 머릿속에 바로 〈당근과깻잎〉이 떠올랐다. 사랑스러운 이름은 물론, 나무판 위에 조각과 모자이크 타일, 철근으로 만든 세 가지 버전의 깜찍한 간판까지, 〈당근과깻잎〉은 평대동 길을 걸으며 그냥 지나칠 수 없는 카페였다. 구옥을 리모델링한 내부는 돌과 나무가 그대로 드러나 아늑하고 정겨웠다. 투박하면서도 따뜻한 자연스러움에 절로 마음이 편안해지는 곳이었다.

〈당근과깻잎〉은 제주 구좌 지역에서 친환경 농산물을 생산하는 제주 농부들이 함께 만든 제주동뜨락협동조합에서 운영하는 곳이었다. 구좌의 해바라기지역아동센터에서 만든 그림책 《당근이지》도 볼 수 있었다. 《당근이지》는 아이들이 마을을 거닐며 생각한 이야기를 쓰고 그린 책이다. 모든 페이지를 읽는 내내 웃음이 났다. 전혀 알지 못했던 당근에 관한 정보도 들을 수 있었다. 그림책 안의 '재밌는 당근 이야기'를 읽고 알게 된 사실은 놀라웠다. 구좌 지역에서 경제 작물로 당근을 재배하기 시작한 건 1969년부터인데, 제주도 당근 생산량의 90%가 구좌에서 생산되고 있을 뿐 아니라 전국 생산량의 70% 이상이 구좌 당근이라고 했다. 이럴 수가! 당근은 우리 집에서 떨어지지 않게 구비해 놓는 야채 중 하나인데, 그럼 지금까지 내가 먹던 당근의 7할은 아마도 구좌 당근이었던 셈이 아닌가?! 나 비록 구좌는 처음이고 방금까지도 몰랐던 사실이지만, 구좌와 나의 연결 고리는 진작부터 존재했다.

그런데 '당근은 왜 제주에서, 제주에서도 구좌에서 많이 날까?' 수분이 많은 당근은 부드럽고 보수력(수분을 보유하는 힘)이 좋은 흙에서 잘 자라는데, 화산 분출물로 이루어진 흙인 화산회토는 유기물 함량이 많고 배수가 좋아 당근을 생산하기 적합한 조건이라고 한다. 제주도는 화산 활동으로 만들어진 섬이고 그중에서도 구좌 지역은 화산 분출물로 이루어진 흙(화산회토)이 많아 구좌 당근의 색은 특히 더 곱고 부드러우며 맛과 향이 탁월하다고. 구좌 덕분에 당근을 좀 더 알게 되었다.

랄랄라 여행하고, 전복 먹고, 불꽃 바다로!

아무도 없는 〈당근과깻잎〉에서 당근 주스를 마시며 책을 읽었다. 한 쪽 벽면에 있는 책꽂이에는 지역 신문과 그림책 《당근이지》, 그리고 제주에 살고 있는 부부가 쓴 포토/그림 에세이가 한 권 놓여 있었다. 홍대의 어느 골목 모퉁이에서 빈티지 숍을 운영하던 빈티지 컬렉터 부부가 홍대에서, 상수동으로, 또 유럽의 벼룩시장과 인도의 시장을 거쳐 제주에 정착하기까지의 이야기가 담긴 《여행하듯 랄랄라》에 빠져 책의 제목처럼 '랄랄라' 또 다른 여행을 했다. 글도 글이지만 소주 회사의 옛날 로고가 찍힌 작은 잔, 단풍잎이 그려진 두껍고 키 작은 잔, 유리의 거친 입자와 기포가 선명히 보이는 옆구리가 비틀어진 우스꽝스러운 모양의 파란색 병들. 한결같이 온화한 색과 따뜻한 톤을 갖고 있었다는 물건들의 사진과 그림에 취해 있다 보니 2시가 넘도록 배가 고픈 줄도 몰랐다.

책의 마지막 페이지를 덮고 900여 미터를 걸어 식당으로 들어갔다. 오늘의 점심 겸 저녁 메뉴는 〈명진전복〉의 전복 돌솥밥. 제주 여행 둘째 날의 스페셜 메뉴로 선택했다. 전복이 실하게 올라간 돌솥밥에 달걀찜과 해초무침, 단호박 맛탕에 고등어구이까지 푸짐하게 나온 곁 반찬을 먹고 나니, 이제야 제주의 바다를 내 안에 끌어 담은 듯했다. 제주의 땅에서 난 당근과 제주의 바다에서 난 전복. 육지의 것과 같을 수 없는 향과 맛이 모두 좋았다. 전복 돌솥밥의 기운을 받아 제주해녀박물관 앞으로 걸어갔다.

제주해녀들의 생활상을 소개하는 제1전시실을 시작으로 해녀 도구와 해녀의 역사, 해녀 공동체에 대해 알려주는 제2전시실을 지나 다시 1층에 있는 제3전시실에서 해녀들의 생애를 들었다. 특히 기억에 남는 것은 1960~1970년대 해녀와 제주도 어촌마을의 생활상을 재현해 놓은 전시였다. 당시 해녀들이 입었던 전통해녀 옷 '물소중이' 앞에서 발을 뗄 수 없었다. 물소중이는 '물속에서 입는 작은 홑

옷'이란 뜻으로 무명이나 광목으로 손바느질을 해서 만든 작업복이 자 속옷인데, 그 옷을 입고 물질을 했던 시간이 고스란히 남아있는 옷들을 보니 갑자기 울컥, 가슴이 먹먹해졌다.

척박한 섬 제주에서 여성으로 태어나 어려서부터 헤엄치기와 무자맥질을 배우다가 12살이면 물질을 시작해 15, 16세에 이르면 독립된 해녀가 되어 밭과 바다에서, 들 일과 물질을 함께 하며 살아온 제주의 해녀들. 물질은 함부로 바다에 뛰어들어 혼자 할 수 없는 일이기에 해녀들은 일찍이 자생적인 공동체를 만들어 함께했다. 일제 강점기에는 식민지 수탈 정책과 민족적 차별에 항거하며 국내 최대 규모의 여성 항일운동을 일으키기도 했다. 제주해녀박물관에서는 마침 제주해녀항일운동 90주년 기념 특별전이 열리고 있었다. 시대에 순응하지 않고 일제의 부당함에 맞섰던 해녀들의 항일정신을 함께 만났다. 모든 전시실에서 이들의 삶에서 빠트릴 수 없었던 강인하고도 주체적인 힘이 흘러나왔다.

'빗창 들고 호미 들고, 불꽃 바다로!' 박물관을 나서는 순간에도 제주해녀항일운동 90주년 기념 특별전의 제목이 맴돌았다. 전복을 딸 때 쓰는 '빗창'과 김을 맬 때 쓰는 '호미'를 들고 삶의 터전에서 매일 뜨겁게 노동하며 살아온 제주 여성들의 정기가 내게 흘러 들어온 듯했다. '자연과 공존하는 생태적인 방식으로 배려와 질서의 공동체 안에서 나와 내 가족들의 삶뿐만 아니라 제주라는 지역과 국가, 나아가 정의와 평화를 위해 기꺼이 행동한 제주 해녀들의 정신과 실천을 나는 어떻게 이어갈 수 있을까? 지금의 내가, 앞으로의 내가 할 수 있는 일은 무엇일까? 나는 무엇을 해야 할까?'

우리 사회의 문제를 '어쩔 수 없다' 말하는 대신 그 문제를 해결하기 위해 할 수 있는 노력을 외면하지 않고 실천하는 엄마로 살고 싶었다. 개인이나 집단의 이익이 아니라 사회의 발전을 위해 활동하는 시민단체와 함께하며 내 시간과 노동을 기꺼이 투자했다. 아이가 자라 생긴 틈마다 그런 실천을 더해왔다. 내 아이가 살아갈 세상을 조금이라도 더 나은 세상으로 만들기 위해서, 내 아이만큼 소중한 모든 이들의 삶이 조금이라도 더 나아지길 소망하면서.

내가 집에 없어도 혼자 척척 학교를 가는 아이의 성장 앞에서 내가 해야 할 고민은 이런 것이었다. 아이의 길이 아닌 나의 길을 모색하는 것, 내 아이는 물론이고, 내 아이가 속한 공동체와 사회, 이 세상을 위해 할 수 있는 행동을 찾아 실천하고자 하는 다짐. 그런 마음을 더 깊이 전해주는 팸플릿을 손에 들고 박물관 앞의 버스정류장으로 갔다. 일단 지금은 가방 메고 우산 들고, 〈생각의오름〉으로 오를 시간. 구좌읍에 있는 인문 서점 〈제주살롱〉의 게스트하우스로 향했다.

진짜 초록 버스를 타고 부릉부릉

미리 봐 둔 시간표에 적힌 시간에 딱 맞춰 도착한 711-1번 버스를 타고 20여 분을 달렸다. 제주해녀박물관에서 〈생각의오름〉까지는 10km 거리라 3시간쯤 쉬엄쉬엄 걸어갈까 생각도 했지만, 지도 앱이 제공해 주는 거리뷰로 걸어가야 할 길의 모습을 확인하고는 버스를 선택했다. 올레길이 조성되어 있는 해안가에서 섬 안쪽으로 들어가는 길은 도로 옆의 공간이 거의 없는 편도 1차로였다. 한적한 버스의 창가 쪽 좌석에 앉아 이동하는 길, 거리뷰에서 봤던 대로 도로의 폭은 좁디좁았다. 도로 옆에 사람이 걸어갈 만한 공간은 없었다.

걷기는 위험하지만 버스를 타고 달리기에는 너무도 아름다운 비자림로를 차창 밖으로 바라보는 순간, 내가 그토록 기피해왔던 버스가 안락한 장소로 느껴졌다. '지금 내 몸은 버스 안에서 이렇게 안전하잖아? 덕분에 초록 풍경을 마음껏 바라볼 수 있잖아?' 711-1번 지선버스는 나의 첫 초록 버스가 되었다. 색깔만 초록 아닌 진짜 내가 좋아하는 초록 버스, 나에게 초록을 데려다준 다정한 버스. 초록 버스에서 내리자 부슬부슬 제법 비가 내렸다. 마을 산책은 미뤄두고 300m를 걸어 송당 로터리 바로 근처에 있는 인문 서점 〈제주살롱〉으로 들어갔다.

〈제주살롱〉은 북카페와 서점이 함께 있는 인문예술 큐레이션 공간으로, 책과 쉼을 위한 북 스테이 〈생각의오름〉을 함께 운영하고 있다. 북 카페와 서점이 있는 1층, 이 공간을 운영하는 책방지기 부부가 거주하는 2층을 지나 한 계단을 더 올라가면 나오는 다락방이 북스테이 공간이다. 천정이 낮아 이동할 때마다 머리를 부딪치지 않도록 주의를 기울여야 한다는 불편함을 제외하고는 깨끗하고 아늑한 공간이었다. 숙소는 쌍둥이처럼 같은 대칭 구도인 두 방(핑크방과 민트방)이 동향과 서향으로 나누어져 있었다. 나는 민트방에서 두 밤을 머물렀다.

늘 짧았던 1박을 아쉬워하면서도 쉽게 도전할 수 없었던 연박을 저질러 보게 된 건, 이곳만의 독특한 규칙 덕분이었다. 〈생각의오름〉은 여성 1인 연박 전용공간으로 숙박자 본인 이외의 가족이나 친구는 출입할 수 없으며 최소 2박 이상 머물러야 했다. 혼자 여행을 하는 내 입장에서는 이러한 규칙이 이용을 주저하게 하는 문턱이 아니라 매력으로 다가왔다. 덕분에 이동 없이 보내는 두 밤을 선물받았다. 제주에서의 두 번째 밤은 비스듬한 다락방 천장 위의 창문으로 떨어지는 빗소리와 함께 촉촉하게 흘러갔다.

다음날 오전 5시 54분, 아직 사라지지 않은 어둠 속의 송당리를 걸었다. 저 멀리서 조금씩 떠오르는 아침해를 바라봤다. 송당리의 하늘은 짙은 회색에서 살구빛과 푸른빛이 어우러진 조합으로 시시각각 변해갔다. 신비로운 하늘 위에서 뽀얗게 새하얘진 구름을 따라 걷다 보니 어느새 당오름 앞이었다. 송당마을은 제주에서 가장 많은 오름을 거느린 곳으로 송당리에만 18개의 오름이 있다. 송당은 제주 섬

무속신앙의 본고장이라 할 수 있을 만큼 자연과 신화가 어우러져 있어 신화와 오름을 따라 걷는 '소원 비는 마을'로 불린다. 마을 입구에는 송당에 있는 오름을 소개하는 탐방로 지도도 있다. 당오름은 〈제주살롱〉에서 가장 가까이에 있는 오름이었다.

당오름은 정상에 오르는 길뿐 아니라 부담 없이 편안하게 산책을 할 수 있는 둘레길이 있다고 해서 가볍게 둘레길을 걸어볼 작정이었으나, 삼나무와 해송이 잡목과 우거져 있는 둘레길은 이른 아침에 혼자 들어갈 수 없는 길이었다. 빽빽한 나무들 사이로 아침 햇살조차 들어올 틈이 없었다. 내 눈에 보이는 것은 그저 칠흑 같은 어둠이었다. 그 안을 들여다보는 것만으로도 등줄기가 오싹해지는 공포에 파르르 어깨를 떨었다. 도망치듯 뒤돌아 숙소로 돌아왔다.

제주에서 홍대에서, 우리는 따로 또 함께

〈생각의오름〉 1층의 북 카페로 내려갔다. 6명이 둘러앉을 수 있는 커다란 테이블에 앉아 한 모금을 마시자마자 "와아!" 육성이 터져 나온 핸드드립 커피와 빵마담님이 직접 만들었다는 고소한 호밀빵, 뱃속 깊은 곳까지 뜨끈하게 만들어 준 수프와 상큼한 샐러드. 아침상을 받았다. 맞은편에는 핑크방에 묵고 있는 손님이 앉아 있었다. 핑크방 손님과 민트방 손님, 그리고 북집사님과 빵마담님. 어느새 네

명이 함께 둘러앉아 두런두런 이야기를 나눴다.

북집사님은 자신을 말이 많은 사람이라고 소개하며, 시종일관 유쾌한 에너지로 대화를 이끌었다. 덕분에 어색한 침묵과 고요를 견딜 수가 없어서, 아무 말이나 내뱉고 돌아온 뒤 벽에 머리를 박는 나를 소환할 필요가 없었다. 물 흐르듯 이어지는 이야기를 들으며 웃기 바빴다. 핑크방 손님은 일상이 버거울 때마다 훌쩍 날아와 이곳을 찾는다는 〈제주살롱〉의 '찐'단골이었다. 세 사람 사이에 쌓인 유대와 시간이 익숙하고 편안한 분위기를 조성했다. 차분하면서도 따뜻한 빵마담님은 나지막한 목소리로 내게 말을 건넸다. 혼자만 초면인 나를 우아하고 부드럽게 대화의 한복판으로 데려왔다. 내가 먼저 말을 걸 필요도, 어색함에 몸부림치며 곤란해할 틈도 없는 식탁에서 마음이 풀어졌다. 서로를 아끼고 사랑하는 가족의 아침에 초대된 듯한 식탁의 즐거움을 안고 송당리서동 정류장에서 어제 타고 온 초록 버스를 다시 탔다. 711-1번 버스는 6분 만에 나를 비자림 앞으로 데려다주었다. 이 버스는 진짜 초록 버스라니까!

2,800여 그루의 비자나무가 밀집해 있는 비자림에서는 대자연과 천년의 비자나무가 뿜어내는 피톤치드를 마음껏 마실 수 있다. 비자림의 탐방로는 짧게는 30~40분(A코스 2.2km), 길게는 50~60분(A+B코스 3.2km) 코스로 나뭇잎이 하늘을 덮고 있을 정도로 울창하게 우거진 비자나무 덕분에 해가 쨍한 날은 물론 비가 오는 날에도 편안하게 산림욕을 즐길 수 있다. 일행 없이 혼자 방문한 나는 인체의 신진

대사를 촉진하고 산화 방지 기능을 하며 유해한 곰팡이의 증식을 없애 준다는 화산송이 흙길을 자박자박 평온하게 걸었다. 일요일 오전의 비자림은 어린아이와 함께 온 가족들이 많았다. 곳곳에서 마주친 아이들은 약속이나 한 듯 말했다. "언제까지 가야 돼? 아직 멀었어? 나 다리 아파. 힘들어~~"

5년 전, 이 숲을 함께 걸었던 아이의 말이 떠올라 웃었다. 5년 전이나 지금이나 숲길을 걷는 아이들의 말은 저렇게나 똑같은데, 5년 전 이 길을 걸으며 투덜대던 아이는 지금 친구와 홍대에 가는 중이었다. 집 근처에서 친구들끼리 어울려 놀긴 했어도 혼자 지하철을 타 본 적은 없는 아이가 무려 1시간 넘게, 게다가 환승까지 해야 하는 번화가로 나간다니. 집에 있는 남편은 노심초사, 내가 몰래 따라가 봐야 하는 건 아니겠냐 애끓는 마음을 전해왔다. 그런데 이상하리만큼 내 마음은 편안했다. "괜찮아. 잘 다녀올 거야. 걱정하지 말고 당신도 좀 쉬고 있어. 길을 모르거나 뭔가 문제가 생기면 전화하겠지. 전화가 있잖이‥ 잘 놀다가 들어올 거야."

내 몸이 아이와 멀리 떨어져 있기 때문일까, 나도 혼자 이 먼 섬에 와있기 때문일까. 평소라면 정반대였을 말을 내뱉고 있는 우리 부부의 대화가 너무 낯설어 신기했다. 이토록 안정적인 마음과 대범한 믿음이 나에게 있었던가? 전에도 그랬던가? 최선을 다해 기억을 되돌려 보아도 떠오르는 것은 아이의 새로운 시작을 앞두고 불안에 떨며 눈물을 훔치던 내 모습뿐. 아이가 유치원에 들어갈 때도, 초등학교에 입학할 때에도, 바들바들 떨며 긴장하던 사람은 나였다. 아이가 아파도, 아이가 다쳐도, 아이에게 생기는 모든 일의 책임을 너무도 쉽게 '엄마'에게로 돌리는 세상에서 불안은 떼어낼 수 없는 것이었다. 아이가 잠을 못 자는 것도, 예민한 것도, 낯을 가리는 것도, 내향적인 것도 모두 나의 '탓'인 것만 같아 가슴 졸이며 보내온 10년, 우리는 이렇게 함께 자란 걸까?

나는야 아리아를 연주하는 예술가

한 시간 남짓의 비자림 산책을 마치고 〈제주살롱〉으로 돌아왔다. 제주에서 온전히 하루를 보낼 수 있는 오늘 오후는 책방에 박혀 마음껏 책을 읽고 싶었다. 〈제주살롱〉은 '인문 서점'이라는 타이틀다웠다. 음악과 미술, 사진, 영화 등을 다룬 예술서가 특히 많았다. 예전 같았다면 '나는 예술이랑 거리가 먼 사람이야' 하며 관심을 두지 않았을 텐데, 올해의 나는 달랐다. 지금의 나는 이렇게 집을 떠나 있는 날이 아니라면 거의 매일 피아노를 치고, 일주일에 한 번 그림을 그리는 사람이다. 음악이래 봐야 요즘 한참 치고 있는 쇼팽을 알아가고 있을 뿐이지만 내 손으로 소리를 내며 만나는 음악은 이전과 같을 수 없었다. 나를 강렬하게 붙잡은 건 예술서였다. 진열된 책 중 일부에는 〈제주살롱〉에서 직접 만든 띠지에 북집사님께서 작성한 추천의 말이 적혀 있었다. 나는 〈제주살롱〉이 선정한 2021 올해의 예술 도서,《음악의 언어》를 골라 구입했다.

책을 들고 북 카페에 들어갔다. 판매용 서가 반대편에 별도로 구분되어 있는 공간에서는 진열된 책들을 편하게 읽어볼 수 있었다. 북 카페 안의 책은 북 스테이 방으로 가져가 읽을 수도 있는데, 인문예술 도서를 중심으로 서점에서 판매 중인 도서들이 많았다. 따뜻한 제주도의 귤피차를 주문하고, 프랑스의 소설가이자 철학자인 파스칼 브뤼크네르가 쓴 책을 골라 자리에 앉았다. 이 책 또한 〈제주살롱〉 북집사의 '추천의 말' 띠지를 두르고 있었다.《아직 오지 않은 날들을 위하여》는 인생의 기나긴 시간 속에서 '어떻게 나이들 것인가'에 대한 사유를 전해주었다. 매일 똑같이 반복하는 소소한 일상 속의 루틴을 강조하면서도 그 루틴의 위력에서 달아나기 위한 부름에 응답해야 한다는 글을 읽고 옳거니! 무릎을 쳤다.

탐색해 보지 않은 것을 향해 열린 문, 일생에 적어도 한 번은 그 문을 넘어야 한다. 그것은 성의 문이다. 모든 것이 임박한 도약에 매달려 있다. 개종에 비견할 만한 그 도약이 우리를 자신에게서, 숨 막히는 루틴의 위력에서 풀어준다. 뜻밖의 우연은 세속화된 구원이다.

―파스칼 브뤼크네르,《아직 오지 않은 날들을 위하여》중에서

그러니까 한 달에 한 번씩 내가 넘어선 것은 바로 그 '문', 탐색해

보지 않은 것을 향해 열린 문이자 성의 문이었다. 그 문을 통해 나를 숨 막히게 하고 있던 것들로부터 벗어나 '개종에 비견할 만한' 도약을 하고 있는 것이었다. 감히 구원이라 칭할 수 있는 뜻밖의 우연을 반복하면서, 운명의 다채로움을 선사하는 새로운 만남 속에서. 〈제주살롱〉이 아니었다면 만날 리 없었던 프랑스의 철학자가 일요일 오후의 평화로운 책방에서 책을 읽고 있는 나에게 말했다. 지금 이 순간의 나는 단조로운 일상의 선율 위로 가슴 떨리는 아리아를 연주하는 예술가라고. 나의 삶은 그렇게 지속되는 선율이 켜켜이 쌓인 시간의 밀푀유가 될 거라고.

내 시간의 밀푀유에 차곡차곡

한 겹, 한 겹 내가 쌓아 온 밀푀유에 제주에서의 밥 한 끼를 얹었다. 아침 산책길에서부터 눈여겨보았던 브런치 카페 〈뿌리와열매〉에서 당근주스와 새우버섯 피자, 당근 라페 호두 샌드위치를 푸짐하게 시켜 먹었다. 송당리 마을은 작고 아담한 동네라(나는 이 점이 특히 좋았다) 식당이 많지는 않지만 지역 농산물을 애용한 음식과 음료를 판매하는 〈뿌리와열매〉에서는 구좌 하면 빼놓을 수 없는 무농약 당근만을 100% 넣어 착즙한 주스와 더덕 주스, 유기농 청귤 발효 주스와 유기농 감귤주스에 따뜻한 당근 수프, 통밀 식빵에 당근 라페와 호두를 넣은 샌드위치는 물론 밀가루가 전혀 들어가지 않는 감자피자도 맛볼 수 있다. 솜씨 좋은 사장님이 직접 만든 뜨개 소품들도 함께 판매한다.

음식으로 가득했던 테이블을 깨끗하게 비운 나는 뜨개 티코스터 한 세트를 구입해 나왔다. 네 가지 색이 하나씩 포인트로 들어간 보석 티코스터 세트는 집에서 캡슐 머신으로 커피를 내려 마시는 재미에 빠져 있는 나에게 안성맞춤인 선물이었다. 우리 가족은 주말마다 식탁에 모여 앉아 나는 아이스 아메리카노를, 남편은 아이스 라테를, 아이는 아이스 초코 라테를, 각자의 취향대로 즐긴다. 이제 다음 주말부터 우리의 홈 카페는 뜨개 티코스터와 함께 한층 멋스러워질 것이다.

이번 제주 여행의 기념이 될 티코스터를 가방 안에 넣고, 넘쳐흐르는 만족감에 콧노래를 부르며 돌아와 샤워를 했다. 배는 부르고, 몸은 개운하고, 편하게 기대앉아 창밖을 바라보며 책을 읽을 수 있는 의자가 있는 방으로 돌아온 지금 이 시간, 그 무엇도 바랄 게 없었다. 민트방의 독서 의자에 앉아 늦도록 두 권의 책을 읽은 그 밤은 한없이 달콤했다. 내 시간의 밀푀유에 생크림이 올라갔다. 방금 읽고 덮은 책의 배경이었던 알래스카의 눈처럼 눈부시게 새하얀 크림이 사르르 녹아드는 보드라움으로 반짝였다.

타인이라는 또 다른 음악

쏜살같이 흘러간 사흘을 뒤로하고 찾아온 제주에서의 마지막 날 아침. 겨우 이틀 밤을 묵었을 뿐인데, 어느새 익숙해진 거리 곳곳을 걸었다. 물에 젖은 스펀지처럼 땅속으로 끌려 들어가는 몸 덕분에 느릿느릿, 내가 움직이고 있는 것인지, 멈춰 서 있는 것인지 헷갈릴 정도의 속도로 움직였다. 간밤에 엄청난 바람과 함께 지나간 태풍이 여전히 강렬한 소리로 나무를 흔들었다. 바람에 쫓겨가는 구름 아래에 서서 흘러가는 구름을 바라봤다. 구름보다 느리게 걸어 책방으로 돌아왔다. 입안에서 녹아내리는 프렌치토스트와 부드러운 요구르트를 입에 넣자 다시 기운이 났다.

다시 마셔도 감탄이 터져 나오는 핸드 드립 커피에 상큼한 귤까지 곁들인 식사를 마치고, 어제 아침과 같은 자리에 둘러앉은 북집 사님, 핑크방의 손님분과 대화를 나눴다. 핑크방 손님은 틈이 날 때마다 〈생각의오름〉에서 혼자만의 시간을 갖는 단골손님이자 또 다른 책방을 꿈꾸는 미래의 책방지기였다. 우리는 미래의 책방 이야기를 나누며 나란히 책방을 나섰다. 버스를 함께 기다렸다. 같은 버스를 타고 1시간을 달려 제주공항에 도착했다. "안녕히 가세요. 나중에 책방 오픈하시면 꼭 가볼게요." 인사를 하고 딱 10분 차이가 나는 각자의 비행기 탑승구로 향했다. 11번 탑승구 앞에 앉아 책을 펼쳐 읽었다. 제주에서 건져 올린 음표가 흘러나왔다.

앙상블은 타인을 통해 음악 세계를 확장한다. 나의 세계와 타인의 세계가 부딪쳐 깨질 때 마음을 열면 무한히 확장하는 세계를 맛볼 수 있다. 타인은 지옥이라 했던가? 앙상블에서 타인은 내가 보지 못하는 저 너머의 세계를 가져다주는 선물 같은 존재다. 타인은 또 다른 음악이다.

—송은혜,《음악의 언어》중에서

제주에서 건져 올린 음표는《음악의 언어》라는 책 한 권만이 아니었다. 나의 세계를 확장하는 타인과의 만남과 대화, 거기에서 피어나는 즐거움과 따사로운 인연의 가능성이었다. 내가 다시 〈제주 살롱〉에 갈 수 있을지, 책방지기가 된 핑크방의 그녀와 재회할 수 있을지, 앞으로 이어질 우리의 인연 같은 건 조금도 알 수 없었지만 아무래도 좋았다. 즐기기는커녕 피하기 바빴던 이들과의 앙상블을 경험해 본 시간이 중요할 뿐이었다.

타인이라는 또 다른 음악과 함께 다시 제주의 하늘 위로 날아올랐다. 비행기의 창문에서 마주친 구름이 속삭였다. "다음 여행은 앙상블 어때? 또 다른 음악을 연주해 봐." 나 혼자 여행을 마치고 집으로 돌아가는 길, 새로운 여행이 시작됐다. 9월의 제주가 엉뚱한 음악을 데려왔다. 10월의 책방 여행을 향한 음악이 흘러나왔다. 앙상블이었다.

제주 〈제주살롱〉

제주

소유보다
존재

제주도는 대중교통을 이용하기 편리한 여행지 중
한곳으로 다양한 버스 노선을 이용해 이동할 수 있
다. 단, 노선 따라 운행 시간의 간격이 크기 때문에
버스 정류장에 붙어 있는 노선별 운행 시간표를 미
리 보고 탑승 시간을 계획해 두면 긴 시간을 기다
리지 않고 편리하게 이동할 수 있다.

<생각의오름> 북 스테이 숙박객들은 유료 서비스로 조
식과 석식, 와인이나 맥주를 추가할 수 있다. 조식(1만
원)은 숙박 예약 시 혹은 전날 미리 신청하면 되고, 오전
9시~9시 30분 북 카페에서 제공된다. 메뉴 및 재료는
상황에 따라 임의 제공되므로 특정 메뉴를 선택해서 주
문할 수는 없는데, 핸드 드립 커피와 빵마담님이 직접
만든 빵과 요구르트, 수프 등의 수제 조식을 한 번 맛보

생각의 오름

면 그 맛을 잊을 수 없어 다시 오게 된다고. 객실 내에 제공되는 저녁 식사(오픈 샌드위치+커피/차)와 와인 플래터+글라스 와인, 수제 맥주는 상시 주문이 가능하므로 필요시 요청하면 된다. 송당리는 아주 작은 마을이라 밥을 먹을 식당이 많지 않아 장기간 머물 경우 석식 서비스를 이용하는 것도 좋을 듯하다.

뿌리와열매

무농약/친환경 로컬푸드 브런치 카페 <뿌리와열매>는 1인 사이즈의 피자를 따로 판매해 홀로 여행객도 부담 없이 감자피자를 즐길 수 있다. 당근 라페 호두 샌드위치 역시 식빵 1장을 반으로 접어 만든 1피스도 주문할 수 있다. 나는 1인 사이즈의 피자 하나만으로도 기분 좋게 배가 불렀는데, 점심 겸 저녁을 함께하는 식사인 데다 당근 라페 호두 샌드위치의 맛을 보지 않고 집에 가면 두고두고 후회가 남을 것 같아 샌드위치 1피스까지 추가 주문을 했고, 그 결정은 탁월했다. 물론 배가 많이 부르긴 했지만 다음날 아침까지 든든했고, 이렇게 다시 여행을 돌아보며 '아, 그때 그 샌드위치를 먹어봤어야 했는데…' 하는 후회 대신 '와아, 그때 그 샌드위치 정말 맛있었는데!'하며 행복해하고 있다.

열한 번째 여행

속초

〈완벽한 날들〉

책으로 이어진
세 여자의
앙상블

"책으로 이어진 세 여자의 하룻밤 책방 여행을 함께 할 분을 모집합니다."

제주에서 돌아와 블로그에 글을 올렸다. 함께하는 여행은 셋이었으면 했다. 둘은 조금 어색할 것 같고, 넷은 너무 많을 것 같고. 신화에 단골처럼 등장하는 숫자 3은 집단의 개념이 생기는 최소 인원이 아닌가. 우리는 '삼'천리 금수강산에서 만세도 세 번, 내기도 세 번, 가위-바위-보 놀이도 세 가지로 하는 민족이고, 열두 밤 중 꼭 한 번은 가고 싶었던 〈완벽한 날들〉의 방도 3개였다.

갈 수 없었던 곳을 함께 간다면

강원도 속초의 〈완벽한 날들〉은 2017년 다녀온 내 인생의 첫 북 스테이 여행지였다. 처음이란 언제나 강렬한 법. 그곳에서 다시 보낼 밤이 궁금했다. 5년 만의 재회를 소망하며 예약을 위한 검색을 했다. 그러나 〈완벽한 날들〉의 스테이는 멈춰 있었다. 코로나19가 장기화되고 있다 보니 화장실과 침실을 다른 일행들과 함께 사용하는 다인실 운영이 곤란해진 게 아닐까 싶었다. 5년 전에는 2층에 있는 3개의 방이 각각 1인실과 2인실, 6인실로 운영되며 2개의 공용 화장실을 함께 사용했다.

여름의 초입, 스테이 공간을 재공사한다는 반가운 소식이 날아왔다. 다시 시작하는 북 스테이는 2층의 방 3개를 거실과 욕실, 테라스와 옥상 공간까지 모두 더해 딱 한 팀에게만 제공하는 독채 펜션으로 운영을 한다고 했다. 나 혼자 이용하기에는 너무 넓고 부담스러운 가격이었다. 처음이라는 추억이 담긴 공간이지만 혼자서 다시 가는 건 아무래도 어렵겠구나 마음을 접었다. 그런데 이 무슨 반전의 연속인지, 9월의 제주에서 여자 셋이 함께하는 식탁의 즐거움을 만났다. 〈제주살롱〉에서 근사한 아침을 내어 주신 빵마담님과 핑크방 손님, 그리고 민트방에 머문 나까지 둘러앉아 나누었던 세 여자의 시간은 편안했다. 그 시간이 '다시, 속초'를 불러왔다. 5년 만의 재방문이자 새롭게 단장한 스테이 공간으로는 첫 방문을 혼자가 아닌 함께

하는 여행으로 작당했다.

10월의 여행이자 11번째 밤에는 책으로 이어진 여자들의 하룻밤 여행
을 해보고 싶어요. 이 여행의 이야기는 아직 쓰는 중이지만, 앞서 제가
썼던 책을 읽고 저를 한번 만나보고 싶었던 분, 블로그에서 저의 책방 여
행기를 보며 나도 한번 떠나보고 싶다 소망하고 있었던 분, 나 혼자서는
도통 용기가 나지 않는 시작을 '책으로 연결된 세 여자의 하룻밤 여행'으
로 함께 해보고 싶은 분을 두근거리는 마음으로 초대합니다.

하지만 이럴 수가! 반전의 연속이었던 '다시, 속초'가 '여자 셋'에
도 빠짐없이 적용되었다. 〈완벽한 날들〉의 방 3개는 침실 3개가 아
닌 침실 2개와 옷방 1개의 조합으로 침대는 2개뿐이었던 것! 두 여
자는 한 방에서 퀸사이즈의 침대를 함께 써야 했다. 세 여자가 하나
씩 침대가 있는 방을 나눠 쓰면 된다고 생각했던 나의 계획은 와르
르 무너졌다. '처음 만난 사이인데 바로 그날 한 침대에 누워 잠을 잘
수 있을까? 그런 밤이 과연 서로에게 편안할까?'

우여곡절 끝에 뭉친 여자 셋

당황했으나 이내 답을 찾아갔다. 한 침대에 누워 잠을 자야 하는

두 여자 중 한 여자는 일단 나로 하고(다른 두 분께 매우 부담스러운 과제를 떠넘길 수는 없으므로), 이런 상황을 고려해 같은 침대를 쓸 한 여자를 우선 선발했다. 책을 통해 만난 인연이 3년째 이어져 오고 있는, 그래서 기꺼이 한 침대에 누워 자도 좋을 첫날밤을 함께 할 여자를 먼저 섭외한 뒤 싱글 침대를 혼자 쓸 작은 방의 주인공을 초대했다. 댓글로 남겨준 신청자들의 간단한 자기소개와 이 여행을 함께 하고 싶은 이유를 보고, 세 가지 조건에 모두 부합하는 분을 선정했다.

조건 1) 책을 통해 이어진 인연인 분
조건 2) 나 혼자 여행이 처음인 분
조건 3) 이 여행을 향한 마음이 간절한 분

그렇게 뭉친 세 여자의 이력은 이러했다.

여자 1_ 김슬기 (주최자)
—엄마 경력 11년 차. 더도 덜도 말고 꼭 나 같은 딸 하나를 키우며 자라는 중.
—엄마가 되자마자 지독한 산후우울증을 앓으며 암흑 같은 시기를 보내고, 책 읽기와 독서 모임으로 다시 일어선 경험을 책으로 출간. 현재 다섯 번째 책을 쓰며 한 달에 한 번 나 혼자 책방 여행을 다니는 중.

여자 2_ 강혜미 (우선 선발자)

─엄마 경력 9년 차. 9살 딸, 5살 아들 남매를 키우며 왕복 3시간 거리의
직장생활 중.

─둘째를 낳고 산후우울증에 허덕일 때《아이가 잠들면 서재로 숨었다》
를 읽고 집 근처 그림 책방에서 열린 여자 1의 북토크에 참여해 여자
1을 처음 만남. 나 혼자 여행은 한 번도 가본 적이 없으며 2019년부터
여자 1이 주최하는 거의 모든 모임에 참여하며 글쓰기와 책 읽기를 함
께 했다는 이유로 여자 1과 같은 침대에서 자야 한다는 미션을 부여
받고 우선 선발됨.

여자 3_ 장미 (작은 방의 주인공)

─엄마 경력 8년 차. 8살, 5살 자매를 키우며 독박 육아에 시달리는 중.

─회사에 다니면서도 혼자 육아를 해야 하는 현실에 지쳐 있을 때 지인
으로부터 여자 1이 쓴《딸에게 들려주는 여자 이야기》를 선물 받아
읽고 여자 1을 알게 됨. 아이 둘을 맡기고 나 혼자 여행을 가본 적은 한
번도 없으나 혹시 이 여행의 세 번째 여자로 선정이 된다면 나는 무조
건 갈 것이다. 남편에게 강력한 통보를 날렸고, 그 단호하고도 간절한
에너지 덕분에 작은 방의 주인공으로 당첨이 됨.

셋이 여행 전, 찾아온 건 또?!

그렇게 셋이 함께하는 10월의 마지막 주말을 기다렸다. 우리는 토요일 오후와 저녁 사이의 어디쯤, 각자의 일정에 따라 도착한 〈완벽한 날들〉에서 만나기로 했다. 그리고 그 만남이 12일 앞으로 다가온 월요일, 나는 또 한 번의 코로나 양성판정을 받았다. 처음도 아니고, 남다른 목 통증에 이미 '쎄-'한 느낌을 받았음에도 코로나가 맞다는 의사 선생님의 말씀은 충격적이기만 했다. 결과를 듣자마자 "그럴 리가 없어요, 선생님! 다시 한번 확인해 주세요. 제가 정말 코로나에 걸렸다고요? 또요?!" 외치고 싶은 말들을 꾹꾹 눌러 담고 돌아왔다. 다시 한번 코로나바이러스와 사투를 벌였다. 지난 4월 코로나에 걸린 후 다섯 달이나 지속되었던 후유증에서 벗어난 지 이제 한 달밖에 되지 않은 시점이었다.

통증의 강도는 첫 감염 때보다 약했지만 그렇다고 평범한 감기 수준일 수는 없는 증상들이 지나갔다. 일주일간의 격리가 끝난 뒤에도 몸은 쉬이 좋아지지 않았다. '4시간 정도 외출을 해서 밥을 먹고 이야기만 나누다 들어와도 지쳐 쓰러지는 몸으로 2시간 넘게 버스를 탈 수 있을까? 내가 이 여행을 잘 다녀올 수 있을까?' 떠나야 하는 날이 다가올수록 걱정이 커졌지만 신기하리만큼 든든하기도 했다. 누군가와 '함께'라는 사실이 벌써 의지가 됐다. 아직 온전치 않은 몸으로 길을 나서게 된 10월, 이번 여행은 처음부터 서로에게 기대어 가

보기로 했다. 걸어서 5분 거리에 살고 있는 여자 2와 나란히 앉아 가
는 버스표를 예매했다.

만남의 날 아침 9시, 집 앞에서 여자 2를 만나 지하철을 탔다. 강
변역에서 내려 시외버스를 탔다. 꽉 막힌 고속도로 위를 느릿느릿 달
려갔다. 동서울터미널에서 출발한 버스가 속초시외버스터미널에 도
착하기까지 2시간 10분이면 된다던 거리를 3시간이나 걸려 이동하
는 내내 우리는 조용했다. 멀미약에 취한 나는 자다 깨다만을 반복
했다. 여전히 비몽사몽, 잠이 덜 깬 채로 버스에서 내려서자 차가운
바람이 날카롭게 파고들었다. 거세게 몰려오는 한기에 어깨가 뻣뻣
해졌다. 온몸이 긴장했다.

얇은 가을 외투 대신 따뜻한 패딩을 입고 왔어야 했다는 나의 후
회는 여자 2가 막아 주었다. 별다른 대화를 하지 않아도 그저 내 옆
자리에 앉아 있는 것만으로 든든했던 것처럼, 내 옆에서 나란히 걸
어가는 이가 있다는 것만으로 따뜻한 온기가 전해졌다. 지난여름,
〈오늘과내일〉에서 읽고 온 책에서 말한 '사람 한 명분의 존재 가치'
가 오롯이 느껴졌다. 생각보다 더 차가운 바닷바람이 서로의 온기를
더해주었다. 그 온기에 기대어 속초시외버스터미널에서 가장 가까
운 해수욕장까지 걸어갔다. 바다가 잘 보이는 바닷가의 카페에 들어
가 날이 너무 춥다고 불평하면서도 너도나도 아이스 아메리카노를
주문했다.

책이 이어준 인연, 놀라운 연결고리

얼음이 가득 담긴 유리잔 두 개를 앞에 두고 앉자, 그동안 마신 커피들이 지나갔다. 글쓰기 모임에서, 독서 모임에서, 우리가 마시고 나눈 아이스 아메리카노는 항상 책과 함께였다. 우리의 디저트는 언제나 글이었다. 함께 읽은 책이 늘어날수록 가까워졌다. 쓰고 나눈 글이 쌓여갈수록 끈끈해졌다. 어느새 친구가 된 우리는 4년이란 시간을 되짚으며 말했다. "우리가 속초의 카페에 이렇게 앉아 있다니, 실감이 나지 않아요. 지금 이거 꿈은 아니겠죠? 왜 이렇게 현실 같지가 않죠?"

숱한 우연들이 모이고 모여 오늘이 왔다. 내가 책을 쓰지 않았다면, 그녀가 그 책을 읽지 않았다면. 내가 모임을 열지 않았다면, 그녀가 그 모임에 오지 않았다면. 내가 여행을 계획하지 않았다면, 그 여행지 중 한 곳이 꼭 독채로만 이용할 수 있는 곳이 아니었다면… 수없이 많은 '않았다면'을 빠짐없이 피하고 피해야만 마주할 수 있는 오늘. 그러니 모두가 꿈만 같았다. 믿기지가 않았다.

바다가 잘 보이는 창 앞에 앉아 카페인을 충전하고 근처의 식당에 들어가 바다내음이 가득한 회덮밥과 성게미역국은 물론 오징어순대까지 시켜 푸짐한 점심 겸 저녁을 먹었다. 나 혼자였다면 엄두도 내지 못했을 식탁이었다. 둘이라 맛볼 수 있는 음식들을 탁 트인 바다를 바라보며 풍요롭게 먹고 반쯤 남은 오징어순대를 포장해서 돌아오는 길, 월정사 전나무숲길을 들렀다 왔다는 작은 방의 주인공에게서 연락이 왔다.

우리는 서둘러 걸어갔다. 1층에 있는 서점을 스치듯 지나 2층의 스테이로 직행했다. 책방의 나무 문을 열면 나타나는 좁은 계단을 따라 올라갔다. 먼저 도착한 여자 3, 장미님께서 열어 두신 문으로 새롭게 단장한 〈완벽한 날들〉의 거실이 보였다. 인터넷에서 본 사진 그대로였다. 초면임에도 반가운 여자 3의 얼굴도 나타났다. "와아, 장미님 안녕하세요. 이렇게 만나다니 너무 반가워요! 울산에서 여기까지 오기 힘들진 않으셨어요? 식사는 하셨어요?"

처음 만나는 사이임에도 불구하고 마구 반가울 수 있는 건 온라인에서의 사전 만남 덕분이었다. 여자 3과 여자 1은 화상 회의실에서 9번을 만난 사이였다. 여자 1이 쓴 책을 읽고 그의 블로그에 들어간 여자 3은 여자 1이 운영하는 온라인 독서 모임 6기 멤버였다. 7월부터 10월까지 4개월간 격주에 한 번 만나 8권의 책을 함께 읽고 나눴다. 그건 여자 3이 태어나 처음 참여해 본 독서 모임이었다. 여자 3은 '내가 독서 모임에서 말을 제대로 할 수 있을까? 그 시간이 즐거울 수 있을까?' 걱정했다. 하지만 그 고민이 무색하게 책 수다에 흠뻑 빠져들었다. 결코 가벼울 수 없는 인연들을 만들었다. 겉으로 쉽게 드러나는 것이 아닌 내면의 고민, 자주 만나는 이들에게는 오히려 털어놓기 어려운 진실을 나눠왔다.

한 자리에 모인 여자 셋은 책을 매개로 한 인연의 깊이를 알고 있었다. 어색함보다는 반가운 친밀감으로 인사를 나누고 길을 나섰다. 〈완벽한 날들〉에서 10분이면 도착하는 〈속초중앙시장〉에서 속초에 왔다 하면 빼놓을 수 없는 먹거리들을 바리바리 구입했다. 만석닭강정 한 박스와 3942 꼬마김밥 한 세트, 단감 한 바구니, 오코노미야끼 한 판, 우연히 발견한 빵집에서 가장 눈에 띈 치아바타 한 개, 이 밤에 빠질 수 없는 맥주 두 캔과 (술을 마시지 못하는 나를 위한) 탄산수, 내일 아침 먹을 컵라면까지 야무지게 사서 씨앗 호떡을 하나씩 먹으며 돌아오는 길. 어두워진 밤하늘 아래 늘어선 단풍나무가 레드카펫처럼 펼쳐졌다. 바닥에 떨어진 단풍잎을 밟으며 걸어가는 우리가 바로 주인공이었다. 이제 이 모든 것을 늘어놓고 먹고 마시며 즐길 시간, 토요일 밤의 자유를 만끽할 시간. 세 여자의 가슴은 붉게 물든 가로수의 단풍잎처럼 발그레 달아올랐다.

세 여자의 밤은 잔잔한 가을을 타고

직접 나가서 산하를 보고 세상일을 경험할 수 있는 사람은 누구이고 할 수 없는 사람은 누구인가? 금원은 신분보다 성별에 주목한다. 그래서 "여자는 발이 규문 밖을 나가지 못하고 오직 술 빚고 밥 짓는 것만을 의논해야" 하기 때문에 규중에 깊이 있어 그 총명과 식견을 넓히지 못하고 사라져 버린 여자들에 대한 안타까움을 표현한다.

― 김경미, 《여성, 오래전 여행을 꿈꾸다》 중에서

지금은 바야흐로 2022년, 우리는 '오직 술 빚고 밥 짓는 것만을 의논해야' 하는 조선 여성도 아니건만. 아이를 먹이고 입히며 돌봐야 하는 주체는 '당연히 엄마'로 여겨지는 사회에서 아이를 키우는 여성이 밖으로 나가 산하를 보는 것은 여전히 쉽지 않다. 그래서 이 밤은 더 특별했다. 대단한 이야기를 나누지 않아도 좋았다. 아이를 낳고 키우는 일은 여성의 발을 가정에 잡아두기도 하지만, 여성의 벽을 허물어 버리기도 한다. 엄마들은 어디서든 한 덩이로 뭉쳐 몇 시간이고 멈추지 않는 대화를 나눌 수 있었다. 우리는 비슷한 나이에 고만고만한 아이를 키우며 책과 독서 모임을 사랑하는 사람들이라는 공통점까지 갖고 있는 사이였다. 테이블에 둘러앉은 엉덩이가 한 번도 떨어지지 않은 채 3시간이 흐르도록 어색한 침묵은 찾아올 틈조차 없었다. 이야기는 꼬리의 꼬리를 물고 이어졌다.

조금씩 찾아오는 요통에 몸을 비틀기 시작했을 때야 비로소 시계를 봤다. 그제야 몸을 움직여 일어났다. 셋이 합쳐 28년의 엄마 경력이 어지럽게 늘어져 있는 테이블을 순식간에 정리했다. 하나뿐인 화장실을 차례로 들락거리며 편안한 차림으로 변신했다. 침대와 소파에 늘어져 2차를 시작했다. 은은한 스탠드 불빛 아래 누워 금방이라도 잠이 들 것 같은 안락함에 취했다. 감미로운 음악이 흘러나왔다. 책꽂이 위에 놓여 있는 블루투스 스피커를 놓치지 않고 연결한 여자

2의 넘치는 센스였다. 음악은 그녀가 구독하고 있는 음악 재생 앱에서 활동하는 DJ가 선곡한 '잔잔한 가을에 들으면 좋은 노래'였다. 이건 여자 2가 앱을 사용한 뒤 처음 듣는 장르였다. 그녀는 고백했다. "이런 노래를 들어본 건 처음이에요. 집에서는 둘째가 매일 '헬로 카봇'만 듣거든요."

"헬로 헬로 나의 친구 카봇. 우리들의 용감한 친구~" 제목만 들어도 저절로 떠오르는 노랫말을 함께 흥얼거렸다. 아이를 낳고 매일 듣던 동요가 아닌 다른 노래를 듣다가 왈칵 눈물이 났던 날이 떠올랐다. 음악은 잃어버렸는지도 모르고 있던 취향 중 하나였다. 언제든 잠깐 이어폰을 꽂아 들을 수도 있는 음악 한 곡을 선택할 여유조차 없던 날들을 우린 살았었다. 내가 좋아하던 것들은 희미하게 사라지고 나를 위한 것들은 모두 뒷전이 되었던 시간들. 혼자서는 아무것도 할 수 없었던 아기가 자라 좋아하는 색과 만화, 노래와 친구들이 생기는 사이 나도 다시 찾아왔다. 즐겨 듣던 노래와 취미, 좋아하는 음식과 놀이, 이들과 같은 친구까지도. 헬로 카봇을 매일 듣는 날들 중에도 가을에 듣기 좋은 노래는 필요하다. 그래서 이 밤은 풍성했다. 그저 침대에 누워 잔잔한 음악을 듣는 것만으로도.

"슬기쌤은 이제 그만 자요. 아직 몸이 안 좋잖아요, 너무 피곤해 보여요. 우리는 조금 더 얘기하고 놀다가 잘게요." 코로나 후유증으로 한참 고생했던 사정을 잘 아는 여자 2가 먼저 잠자리에 들 것을 권유했다. 그럴 수는 없다며 항변하는 내 의지와 상관없이, 기대고 있던 베개로 더 깊이 몸을 파묻었다. 오늘 처음 만난 두 여자는 내가 누워 있는 방의 조명을 끄고 방을 나섰다. 나는 방문을 닫고 나가는 두 여자를 그저 바라보았다. 깜깜해진 방 안으로 거실의 테이블에 마주 앉아 있는 두 여자의 말소리가 들려왔다. 둘이어도 끊임없이 이어지는 대화 소리에 흐뭇한 미소가 피어났다. 어둠 속에서 배시시 웃으며 눈이 감겼다.

세 차 게 강 인 한 동 해 의 파 도 도

아직 어두운 아침 6시, 여느 날처럼 눈을 뜨고 일어나 곤히 자는 두 여자를 깨울라, 살금살금 고양이처럼 움직여 밖으로 나왔다. 인적 없는 속초항을 지나 금강대교 위를 걸었다. 새벽 한기에도 움츠러들지 않았다. 전날 저녁 여자 2가 선물해 준 가디건과 여자 3이 수줍게 내민 목도리가 홀로 걷는 나를 안아주었다. 따뜻하게 지켜주었다. 왕복 4차선 도로 옆에 펜스로 분리된 자전거 도로 위를 안전하게 걸었다. 군청색의 짙은 하늘 아래 반짝이는 가로등 불빛이 길을 안내해 주었다.

파란색의 금강대교를 지나, 새빨간 설악대교를 넘었다. 어느새 옅어진 하늘 아래 자욱한 회색빛 구름을 따라 걸었다. 아바이 마을을 지나 청호해안길로 접어들자 속초의 바다가 바로 옆에 펼쳐졌다. 제주와는 또 다른 바다였다. 동해의 파도는 맹렬했다. 거칠게 부서지는 파도 소리가 세찬 에너지로 다가왔다. 그 기백이 나를 압도했다. 홀린 듯 그 소리를 따라갔다. 듣고 있는 것만으로도 강인해지는 소리를 내 몸에 담고 싶었다. 동해의 거친 파도 앞에 서 있는 내 몸은 유약했다. 30분 남짓의 느린 걷기만으로도 지쳐서 맥이 풀리던 참이었다. 약한 편인 몸에 유별나게 심한 멀미도 곤혹인데, 6개월 사이 두 번이나 코로나를 앓았으니 그럴 만도 했다. 당장은 돌아갈 기운도 없는 몸을 속초 해수욕장의 흔들의자 위에 앉혀 놓고, 눈앞에 펼쳐진 바다를 한참 바라보았다.

처얼썩, 내리치는 파도의 기운을 들이마셨다. 쏴아아, 사라지는 파도의 물거품을 품에 안았다. 처얼썩, 쏴아아. 처얼썩, 쏴아아. 거세게 내리치기만 하는 파도는 없었다. 사르르 밀려가기만 하는 파도도 없었다. 모든 파도는 왔다가 갔다. 올라갔다 내려왔다. 멈추지 않고 이어지는 그 소리를 듣고 있으니 마음이 편안해졌다. 거세게 오르는 강인함도 사르르 부서지는 보드라움에서 나온다는 것, 그 둘이 함께라는 사실이 뭉클한 위로를 줬다. 지금 약한 네 몸 안에도 강함이 있다고, 약하면서도 강할 수 있다고, 중요한 건 멈추지 않고 이어지는 너의 리듬, 너만의 리듬으로 지속하는 꾸준함에 있다는 바다의 말이 들려왔다. 그 소리를 가슴에 담고 일어나 자분자분 다시 움직였다. 왔던 길을 되돌아서 〈완벽한 날들〉로 돌아왔다. 두 여자와 함께 마시는 커피는 사르르 사라지는 파도처럼 보드라웠다. 어젯밤에 먹고 남은 닭강정과 치아바타, 단감까지 꺼내 아침을 먹고 나니 세찬 파도처럼 다시 기운이 났다.

챙겨야 할 가족도, 신경 써야 할 일정도 없는 우리만의 일요일. 오늘은 스르르 쏴아~ 잠잠한 날이었다. 마음껏 힘을 풀고 느긋하게 머물기로 했다. 천천히 먹고 떠들었다. 퇴실 시간이 임박해서야 전날 저녁 한 장도 남기지 못한 기념사진을 찍고 짐을 챙겨 책방으로 내려갔다. 오전 11시, 이제 스테이 아닌 책방을 즐길 시간이 왔다. "책은 제가 살게요! 각자 한 권씩 오늘을 추억할 책을 골라봐요~" 두 여자에게 선물을 받은 나는 두 여자에게 책을 선물하기로 했다.

우리의 인연은 시간을 거슬러

5년 만에 들어간 〈완벽한 날들〉은 같으면서 다른 공간으로, 전체적인 분위기는 그대로 유지한 채 서가와 테이블의 배치가 달라져 있었다. 책방 안쪽에는 차를 마시면서 구입한 책을 볼 수 있는 공간이 생겼다. 가방부터 내려놓고 책방 탐험을 시작했다. 나는 책방 입구이자 책방 바로 앞에 있는 시외버스터미널이 그대로 보이는 통창 앞 테이블에 올려져 있는 책을 보고 반색하지 않을 수 없었다. 5년 전 이곳에서 읽고 구입을 한 뒤 '모든 집에 한 권씩 꼭 갖춰야 할 상비약'이라고 소개하며 소중히 소장하고 있는 책, 아서 프랭크의 《아픈 몸을 살다》가 지금도 놓여 있었기 때문이다. 그것도 무려 6권이나.

5년 전의 나는 현미수국차를 마시며 이 책을 구입해 읽었다.《아픈 몸을 살다》는 39세의 사회학 교수가 심장마비와 고환암 진단을 받고 수술과 화학요법을 통해 암을 회복해 가는 과정을 담은 에세이다. 질병을 경험한 개인의 에세이를 넘어 질병에 대한 성찰과 사유를 보여주며 우리 삶에서 질병이 어떤 의미를 갖는지 돌아보게 한다. 그런 나에게 당시 책방지기님이 혹시 이 책을 어디에서 소개받으셨는지, 원래 알고 있는 책이었는지를 물었었다. 사실 이 책은 책방지기님이 읽어보고 싶어 딱 두 권을 구입해 놓았는데 손님들이 자꾸 사 가셔서 읽지 못하고 있었다고, 마침 오늘도 이 책을 읽어보려고 벼르던 중이었는데 딱 한 권 남은 책을 골라 구입하셔서 너무 놀랐다며 이 책에 얽힌 비하인드 스토리를 들려주셨다. 그때 나는 아니라고, 여기 와서 처음 본 책인데 너무 좋았다고 말씀드리며 덕분에 좋은 책을 알게 되었다고 감사 인사를 드렸는데, 이 글을 쓰며 기록을 찾아보니 그때도 지금과 같은 10월이었다. 소오오름!

내가 책으로 이어진 〈완벽한 날들〉과의 추억에 빠져 있는 사이 두 여자는 벌써 오늘 내 마음을 사로잡은 주인공을 찾아냈다. 가장 먼저 책을 고른 여자 3의 선택은 룰루 밀러의《물고기는 존재하지 않는다》, 올해 내가 읽은 책 중 다섯 손가락 안에 꼽는 베스트였다. 이어서 책 고르기를 마친 여자 2의 선택은《언제나 양해를 구하는 양해중 씨의 19가지 그림자》, 언제나 양해를 구하며 위트 넘치는 글을 쓰는 여자 2에게 안성맞춤인 소설이었다. 두 여자의 찰떡같은 책 선정에 질세라 더욱 신중히 서점을 돌고 돈 끝에 발견한 나의 책은 《여성, 오래전 여행을 꿈꾸다》. 18세기에서 20세기 초에 걸친 세 여성의 여행기를 새롭게 옮겨 조명한 에세이였다.

세 여자의 여행 속 세 여자의 여행기

글만이랴. 여행기만이랴. 여성들은 언제나 있었지만 언제나 보이지 않았다. 흩어진 여성들의 기록을 찾아서 읽으면 읽을수록 여성들은 언제, 어디서나, 어떤 제약이 있거나 간에 자신들의 위치를 뚜렷하게 인식하고 자신들의 목소리를 내고 움직였음을 발견하게 된다.
— 김경미, 《여성, 오래전 여행을 꿈꾸다》 중에서

세 여자가 함께하는 여행 중에 세 여자의 여행기가 담긴 책을 만나다니, 그것도 무려 250년 전의 이야기다! 책장 앞에 서서 잠깐 펼쳐 읽은 내용만으로도 놀라웠다. 여성들의 여행은 외출조차 쉽지 않은 조선시대에도 존재했다. 1772년, 의유당은 남편의 부임지 함흥에 따라가서 감상한 동명의 일출을 빼어난 문장으로 남겼다. 1840년, 14살의 김금원은 남장을 하고 제천과 금강산, 설악산 등지를 누비며 여행했다. 1913년, 강릉 김씨는 52세에 처음 서울 여행을 하고 37여

일의 여정을 기록했다. 이들의 글은 어느 날 갑자기 튀어나온 것이 아니었다. 금원은 여성들 스스로가 중심이 되는 시모임 '삼호정시사'를 만들어 시를 짓고 즐겼다. 강릉 김씨는 언제나 책이 쌓여 있는 책상을 앞에 두고 글을 썼다. 이들의 글을 쉬운 우리말로 옮긴 김경미 교수의 말처럼 여성들은 언제, 어디서나, 어떤 제약이 있거나 자신들의 목소리를 내며 움직여 왔다.

　관직에 있는 남편의 지원으로 실컷 먹고 밤새워 놀다 온 양반 부인 의유당의 떠들썩한 여행, 머리를 땋고 남자 옷을 입고 길을 나선 금원의 혼자 여행, 명절과 제사가 있음에도 남편과 딸을 대동하고 서울로 떠난 강릉 김씨의 도보 여행. 세 여자가 모여 앉은 〈완벽한 날들〉에서 또 다른 여자 셋과 연결됐다. 또 다른 여행을 한 기분이었다. 그들의 여행은 그들이 살았던 시대와 신분, 출신 지역과 상황에 따라 각기 다른 모습으로 펼쳐졌지만, 그 모든 여정은 그 자체로 완전히 나 자신을 향한 길로 이어졌다. 지금 여기 앉아 책을 읽고 있는 나 역시 그 길 위에 존재했다. 앞선 시대를 살다 간 이들의 걸음을 따라 오늘이 왔다. 고작 하룻밤, 한동안은 다시 떠나지 못할 여행이라도, 점심을 먹을 새도 없이 다시 4시간을 운전해 집에 돌아가기 바쁜 여행이라 해도, 일요일 오후 조용한 책방에 둘러앉아 책을 읽는 우리의 오늘도 작은 길이 될 것이다. 우리 아이들에게 이어질 길을 낼 것이다.

서로서로 가라앉지 않도록 띄워주는 이 사람들의 작은 그물망이, 이 모든 작은 주고받음-다정하게 흔들어 주는 손, 연필로 그린 스케치, 나일론 실에 꿴 플라스틱 구슬들-이 밖에서 보는 사람들에게는 그리 대단치 않은 것일지도 모른다. 하지만 그 그물망이 받쳐주는 사람들에게는 어떨까? 그들에게 그것은 모든 것일 수 있고, 그들을 지구라는 이 행성에 단단히 붙잡아 두는 힘 자체일 수도 있다.

─룰루 밀러, 《물고기는 존재하지 않는다》 중에서

속초에서 건져 올린 작은 그물망을 안고 집으로 돌아왔다. 우리가 함께 걸은 거리, 함께 먹은 음식, 함께 나눈 대화, 함께 고른 책, 함께 보낸 하룻밤, 그 밤을 위해 각자 걸어온 시간까지도. 여자 3이 고른 책 속의 구절처럼 이 작은 그물망은 우리를 가라앉지 않도록 받쳐주는 힘이 될 것이다. 누군가에게는 대단치 않은 것일지도 모르나 누군가에게는 모든 것일 수도 있는 주고받음이 돌아가는 길의 고단함도 덜어주었다. 꽉 막힌 도로 위의 시외버스도, 쉬지 않고 달려야 하는 4시간의 운전도, 특별했던 그날의 순간으로 장식되었다. 세 여자의 여행이 불러올 또 다른 여자들의 여행을 기대하며 딱 하루 남은 밤으로 나아갔다. 이제 11월, 열두 밤의 종착점이 어느새 한 걸음 앞으로 다가와 있었다.

속초 〈완벽한 날들〉

책으로 이어진 세 여자의 앙상블

속초시외버스터미널 바로 뒤편에 위치한 <완벽한
날들>은 서점과 카페, 북 스테이가 함께하는 복합문
화공간으로 좋은 책과 향기로운 커피, 여유로운 휴식
이 있는 '완벽한 날'을 선사한다. 1층 서점에서는 커
피를 마실 수 있으며, 2층의 북 스테이는 18평 규모
의 독채로 기본 2인에서 최대 4명까지 이용할 수 있
다. 북 스테이 공간은 3개의 방(2개는 침실, 1개는 옷방)
과 거실, 욕실, 테라스, 옥상으로 구성되어 있고, 입
퇴실 전후로 서점 이용과 짐 보관이 가능해 버스 시
간을 기다리며 책을 읽거나 가벼운 몸으로 주변을 산
책할 수 있다. 북 스테이 공간에 대한 자세한 안내는
블로그에서 확인할 수 있으며 서점 소식과 휴무 일정
은 인스타그램에 올라온다.

속초중앙시장

속초 여행에 꼭 가봐야 하는 필수여행지로 꼽히는 <속초중앙시장>은 <완벽한 날들>에서 도보로 10분, 540m 거리에 있다. 동해안의 싱싱한 수산물은 물론 오징어순대, 아바이순대, 인기절정인 닭강정과 씨앗 호떡, 술빵까지 구입할 수 있는 동해의 맛집 명소로 유명하다. 속초중앙시장은 350대가 동시에 주차할 수 있는 드넓은 주차장을 갖추고 있으며(시장에서 1만원 이상 구입시 지급하는 주차권 이용 시 1시간까지 무료), 시장 전체에 캐노피 천장이 있어 우천시에도 편리하게 이용할 수 있다.

261

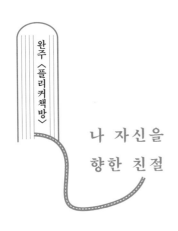

완주 〈플리커책방〉

나 자신을
향한 친절

11월이 왔다. 10살이 됐다. 11월 14일, 아이가 태어난 날을 소박하게 축하했다. 열 번째라고 더 특별한 것은 없었다. 아이가 원하는 대로 평범하게 여느 날처럼 흘러갔다. 엄마로 살아낸 10년을 기념하는 날은 2주 뒤로 잡았다. 수고한 나를 대접하는 밤으로 완주의 고택을 예약했다. 평소라면 주저했을 금액의 숙박비를 기꺼이 지불했다. KTX를 타고 1시간 40분을 달려, 버스와 마을버스를 두 번이나 갈아타야 하는 경로도 괜찮았다. 자신감이 샘솟았다. 1년간의 여행을 마무리하는 열두 번째 밤은 그런 밤이었다. 뭐든 다 할 수 있을 것 같은 밤, 그러고 싶은 밤.

끝날 때까진 끝난 게 아니라네

하지만 대망의 날을 11일 앞둔 날 저녁, 예약해 둔 숙소와 기차표를 모두 취소했다. 11월의 밤이 매정하게 떠나갔다. 열두 번의 여행은 끝까지 순탄치 않았다. 11월 16일, 그러니까 아이의 열 번째 생일 케이크가 여전히 냉장고에 남아있던 날 새벽 걷기운동을 나갔다가, 살얼음이 낀 나무 데크 위에서 넘어져 꼬리뼈에 금이 갈 거라고 누가 상상이나 할 수 있었을까. 꼬리뼈 골절로 인한 통증이 너무 심해 여행은커녕 집에서도 거동을 못 했다. 반듯하게 누워 자는 것은 물론 허리를 굽혀 혼자 양말을 신을 수도 없었다.

정형외과 진료실에 앉아 꼬리뼈의 엑스레이 사진을 보며 나쁜 소식(금이 갔다는 것)과 좋은 소식(꼬리뼈 골절은 특별히 할 수 있는 게 없어 그저 뼈가 다시 붙을 때까지 활동을 최소화하며 기다리면 된다는 것)을 함께 듣고 돌아온 날부터 매일 아침 '오늘은 좀 나아질까, 예정대로 여행을 갈 수 있을까?' 기대했으나 그 기대는 번번이 무너졌다. 회복은 더디고 통증은 강렬했다. 낮은 턱 하나도 오를 수 없는 몸으로 여행은 불가능했다. 결국 11월의 여행은 한 달 뒤로 미뤄졌다. 12월에 시작한 여정을 1년 사계절을 지나 다시 찾아온 12월에 마무리하는 것도 나쁘지 않겠다 위로했다. 여행을 떠날 수 있을 만큼의 컨디션을 되찾기 위해 최선을 다해 가만히 머물렀다.

'최근 심박수에 변화가 있습니다. 최근 운동시간에 변화가 있습니다. 최근 활동 에너지에 변화가 있습니다. 최근 걷기+달리기 거리에 변화가 있습니다. 최근 수면시간에 변화가 있습니다.'

나도 어쩔 수 없는 변화를 끊임없이 알려주는 애플워치의 채근과 함께 한 달이 흘러갔다. 꼬리뼈 골절 일주일 뒤 지독한 감기로 또 일주일, 감기가 좀 나아진 뒤에는 장염으로 또 일주일. 진통제와 항생제를 먹지 않는 날이 없었던 한 달을 지나 도착한 12월 27일 아침. 컨디션은 놀라우리만큼 가벼웠다. 이틀 전까지도 까맣게 잊고 있다가 좌석이 남아 있는 열차를 예매하느라 늦어진 출발 시간 덕분에 쫓기는 마음도 없었다. 방학이라 집에 있는 아이가 먹고 난 아침 식사 그릇을 치우고, 세탁기도 돌리고, 느긋하게 오전 집안일을 마친 후 여수행 KTX를 탔다. 전주역에 도착했다.

19분 VS 1시간 19분, 숫자가 보여줄 수 없는 것

역사를 벗어나자마자 전주의 설경을 만났다. 며칠 전 내린 눈이 그대로였다. 1년 전의 12월 역시 눈과 함께였는데. 춘천의 눈에서 시작한 여정이 전주의 눈으로 이어졌다. 아직 성치 않은 꼬리뼈에 다시 금이라도 갈까 조심하며 눈길을 걸었다. 열차 안에서 검색해 둔 전주역 근처의 맛집 대신 전주고려병원 앞으로 갔다. 안덕원로, 고려병원 정류장에서 820번 버스를 타고 9개 정류장을 이동한 후, 소양작은도서관 정류장에서 하루에 딱 한 번만 운행하는 82-1번 마을버스를 탈 계획이었다. 전주에서 완주로 이동하는 방법 중 가장 길고 복잡한 경로였으나 하루에 딱 한 번만 운행하는 버스라니 도전 정신이 솟구쳤다. 호기심이 절로 일었다.

효율성과 편리성을 거슬러 보고 싶었다. 빈번한 하차와 환승은 오히려 내 몸에 적합했다. 지하철과 KTX를 타고 오느라 지친 몸에 잠깐 걷기로 시원한 바람을 전해주고, 버스로 10분을 이동하면 또 10분쯤 바람을 쐬며 다음 버스를 기다리고, 버스로 10분을 더 가기보단 내 두 발로 40분쯤을 더 걸어보는 길, 슬기로운 길. 택시로 19분이면 갈 수 있는 거리를 1시간 19분에 걸쳐 가겠다는 슬기의, 슬기를 위한, 슬기다운 선택의 결과로 여기까지 왔다. 길 건너 정류장 위치를 확인한 뒤 병원 1층에 있는 카페에 들어갔다.

뒤늦게 보고 있는 의학 드라마 속에 들어온 듯 하얀 가운을 입고 있는 의사 선생님들 곁에 자리를 잡았다. 따뜻한 아메리카노 한 잔을 가방 속에 소중히 챙겨 온 피로회복제 앰플과 함께 마셨다. 멀미약을 먹고도 피할 수 없는 멀미에 메슥거리던 속이 한결 가라앉았다. 밥 대신 먹는 커피와 앰플의 조합은 제주에서 배워 온 치트키였다. 혼자이기에 누릴 수 있는 선택이자 장점이기도 했다. 먹어야 할 시간에 구애 받지 않고 내 몸이 가장 원하는 걸, 원하는 때에 먹을 수 있다는 즐거움이 강렬했다. 오후 1시 53분, 점심을 먹지 않았음에도 밀려오는 만족감에 카페를 나섰다. 길을 건너 금방 도착한 820번 버스를 타고 소양작은도서관에서 내렸다.

오후 2시 30분에 딱 한 번만 운행한다는 오늘의 주인공이자 행운의 아이콘 82-1번 마을버스를 기다렸다. 서울 아닌 지역에서 버스 한 대가 얼마나 소중한지에 대해서는 6월의 평창에서 이미 깊이 깨달은바, 내가 이 버스를 탈 수 있다면 내년 운세는 무조건 맑음! 모든 일이 술술 잘 풀릴 것 같다는 생각이 들었다. 근거 없는 기대와 확신을 안고 크리스마스 날 아침을 기다리는 아이처럼 버스를 고대했다. 2시 20분, 정류장 주변은 황량하지만 지나가는 차가 많았다. 곧 버스도 올 거라는 믿음으로 도로 위를 바라봤다.

2시 25분, 동네 주민으로 보이는 아저씨 한 분이 정류장으로 왔다. 버스를 기다린다. 희망이 더욱 샘솟는다. 2시 30분, 저 멀리서 무언가 오는데 버스라기에는 너무 작아 고개가 갸웃했다. '저건 작은 봉고차 같은데?' 2시 31분, 아담한 크기의 버스가 내 앞에 섰다. 그런데 기다리던 82-1번이 아니었다. 82-2번이다. 혹시나 해서 다시 한번 지도 앱을 확인해 보지만 82-2번은 보이지 않는다. 앱이 알려주는 버스 정보에 82-2번은 없다. 이를 어찌해야 하나 당황하고 있는 사이 내 옆에 서 있던 아저씨는 버스에 올라탔다. 그럼… 나는 어떡하지?

놓치지 않고 붙잡은 버스의 행운

평소의 나라면 조용히 82-1번을 기다렸을 것이다. 저건 82-1번이 아니고 82-2번이니까, 내가 기다리던 버스가 아니니까. 하지만 여긴 어디? 서울 아닌 전주. 6월의 평창에서 배운 건 뭐다? 서울 아닌 곳에서 버스는 귀하고 귀하도다! 지난 여행의 가르침을 몸소 체험한 나는 반사적으로 움직여 일단 버스에 올라타며 물었다. "송광사에 가나요?"

기사님의 대답을 듣고 자리에 앉았다. 버스 안에는 82-1번과 82-2번 노선표가 함께 붙어 있었다. 앞유리창에 꽂혀 있는 82-2번 번호판 뒤에는 82-1번 번호판도 있었다. 완주의 마을버스를 처음 타보는 나로서는 두 노선의 상관관계를 정확히 알 수 없었으나, 노선표를 보니 두 버스는 출발지와 도착지가 반대일 뿐, 동일한 경로를 방면에 따라 분리해 놓은 것이었다. 경황 상 앞멀에서 출발해 상망표에 노착한 82-2번 버스를 다시 앞멀로 출발하며 82-1번으로 번호표를 바꾸지 않고 운행하신 게 아닐까 싶었다. 어찌됐든 이게 바로 내가 타야 하는 버스였다. 내가 이 버스를 타는 데 성공했다! 귀하디귀한 버스를 놓치지 않고 탔다는 행운에 취해 8개 정류장을 날아갔다. 송광사에서 내려 고요한 사찰로 들어섰다.

11월에 와서 보고 싶었던 단풍잎은 모두 떨어져 앙상한 가지만이 빽빽했다. 녹지 않고 쌓여 있는 눈이 반짝였다. 송광사는 일주문과 금강문, 천왕문이 일자로 배치되어 문과 문이 액자처럼 이어졌다. 문에서 문으로 멋스러운 풍경이 펼쳐졌다. 일주문을 지나 만난 금강문은 '금강의 지혜로 모든 번뇌를 쳐부수어 완전한 행복의 세계, 깨달음의 세계로 나아가라'는 뜻이라고 했다. 금강문을 지나며 나도 그런 세계로 나아간 듯 했다. 천왕문에서 비파와 칼, 용과 여의주, 당과 보탑을 들고 있는 사천왕상을 만났다. 4m가 훌쩍 넘는 크기에 얼굴이 무섭게 일그러져 마음속의 모든 번뇌 망상을 잊게 할 만큼 강렬한 분노형이라는 동방 지국천왕에 마음이 머물렀다. 일그러진 표정보다 손에 들고 있는 악기에 눈이 갔다. 비파 앞에 서 있는 내게 절로 음악의 힘이 전해졌다.

뽀드득 뽀도독, 고요한 사찰에 쌓인 눈을 밟으며 거닐었다. 이름 그대로 천진한 표정을 한 천진동자불 앞에서 조금 웃었다. 천진동자불의 얼굴을 따라 올라간 입꼬리로 기분 좋게 송광사를 나섰다. 송광사에서 〈소양고택〉까지 2.6km를 걸었다. 길은 안전했다. 도로 한쪽에 인도가 갖춰져 있었다. 지나다니는 사람이 한 명도 없는 낯선 길이 편안했다. 1년 사이 가벼워진 가방만큼 마음도 가뿐했다. 두려움이나 불안한 마음은 조금도 들지 않았다. 마지막 여행을 떠나는 나에게 남편은 말했다. 사실 처음에는 당신 혼자 여행을 다니는 게 걱정이 많이 되었는데 이제 그냥 동네에 있는 기분이라고, 걸어서 5분 거리에 있는 친정에서 하루 자고 오는 것 같은 정도라고. 나 역시 비슷했다. 반복은 불안을 쫓아냈다. 소복하게 쌓인 시간이 자연스레 두려움을 몰아냈다.

그 누구보다 나를 귀히 여기는 밤

40분 남짓을 걸어 오성한옥마을에 도착했다. 전주를 동그랗게 감싸고 있는 완주의 오성한옥마을은 전통 한옥 20여 채가 자리를 잡고 있는 작고 아담한 공간이었다. 크고 넓은 전주의 한옥마을과 전혀 다른 분위기였다. 종남산과 위봉산으로 둘러싸여 있는 마을 길은 평지가 없는 오르막이었다. 사거리로 쭉쭉 넓게 뻗은 대로 같은 건 찾아볼 수 없었다. 어디를 걸어도 인파가 넘치는 관광지는 내가 선호하는 여행지가 아님을 앞선 3월의 여행에서 이미 경험했다. 어디를 걸어도 으스스할 만큼 고요한 이 마을이 좋았다. 제법 가파른 오르막길을 걸어 오성한옥마을 안쪽으로 들어가자, 내가 예약한 〈소양고택〉이 나타났다.

〈소양고택〉은 지어진 지 100여 년이 훌쩍 넘는 전국의 고택을 완주로 이축하여 만든 공간으로 갤러리카페 두베와 독립서점 〈플리커책방〉을 함께 운영한다. 체크인은 〈플리커책방〉에서 이루어진다는 안내 문자를 전날 미리 받았다. 아름다운 기와의 곡선과 그 아래를 단단하게 받치고 있는 나무들의 색감에 감탄하며 〈플리커책방〉의 문을 열고 들어갔다. 책방에 들어서자 타닥타닥하는 소리와 함께 불

냄새가 밀려왔다. 출입문 정면에 놓여 있는 화덕에서 타고 있는 장작 소리와 냄새였다.

커다란 옹기와 철로 만든 화덕이 신기하고 따뜻했다. 화덕 위의 장작이 만들어 내는 소리에 귀를 기울이니 물소리도 들려왔다. 긴 세월이 고스란히 느껴지는 고목 테이블 안쪽에 파인 홈을 타고 흐르는 물이 옹기 안으로 떨어졌다. 거대한 옹기 앞에 서서 책방을 둘러보고 있는 내 주위로 불타는 장작의 연기가 옅게 퍼졌다. 나를 둘러싼 소리와 냄새, 마치 안개 속에 들어와 있는 듯한 실내 공기에 넋을 놓고 서 있었다. 내 앞으로 조용히 다가온 책방지기님을 따라 예약한 객실로 이동했다.

〈소양고택〉은 한옥 한 채를 단독으로 사용할 수 있는 객실과 2~3개의 방으로 나누어 놓은 객실이 다양하게 있다. 나는 3개의 방 중 하나인 후연당 1을 예약했다. 〈플리커책방〉에서 더 안쪽으로 들어가야 만날 수 있는 후연당은 한옥 가장 왼쪽에 위치한 객실이었다. 일자 형태의 지붕이 길게 이어져 단아한 후연당의 디딤돌 위로 올라섰다. 신발을 벗고 마루에 올라 전통 한옥의 문고리를 그대로 살린 주물 링손잡이를 잡았다.

문을 열자, 세월이 고스란히 느껴지는 고가구와 소반이 눈에 들어왔다. 얼핏 봐도 중후한 전통미를 뿜어내는 소반 위에는 정갈한 다기 세트가 놓여 있었다. 소반 앞에 깔린 방석과 침대 위의 새하얀 광목이 정결한 마음을 불러왔다. 창호지를 바른 문 뒤로 입이 떡 벌어지는 화장실이 나타났다. 현대적인 감각으로 수리한 욕실과 샤워실이 그 자체로 예술작품이었다. 여기 서 있는 지금 이 순간, 나보다 존귀한 사람은 존재하지 않는다는 생각이 들었다. 이보다 귀한 대접을 받는 사람은 있을 수가 없었다.

안온한 밤과 정갈한 아침

나 혼자 묵기에는 부담스러운 숙박비, 대중교통으로 이동하기는 쉽지 않은 위치. 완주의 〈소양고택〉은 사실 선택하기 힘든 곳이었다. 나 혼자 하룻밤을 묵는 데 이렇게 큰돈을 써도 되는지 고민했다. 5시간이 넘는 이동 시간을 버틸 수 있을지 자신할 수 없어 망설였다. 책방 여행을 시작할 때만 해도 갈 수 없는 곳으로 제쳐 놓았던 완주가 마지막 여행지로 간택될 수 있었던 건, 내가 지나온 10년과 매달 한 밤씩 쌓아온 열한 밤의 결과였다. 한밤, 한밤이 지날수록 갈 수 있다고 생각하는 경로가 넓어졌다. 10년간 애쓴 나를 위해 마지막 밤만큼은 근사하게 대접하고 싶어졌다. '그래도 된다'는 마음을 넘어 '그래야 한다'는 당위까지 올라왔다. 그리고 그런 선택은 완벽했다.

'뒷날의 인연'을 의미한다는 후연당에 가방을 내려놓고 밖으로 나왔다. 근처에 있는 식당에서 밥을 먹고 저수지를 거닐었다. 신비로운 일몰의 하늘이 오성제 위에 그대로 포개졌다. 수평선을 기준으로 데칼코마니를 한 듯 퍼져가는 물 위의 빛을 바라봤다. 물오리 떼를 따라 번져가는 물결처럼 잔잔하게 걸어갔다. 은은하게 빛나는 달을 따라 한옥마을로 돌아왔다. 어느새 짙어진 어둠에도 두려운 마음은 들지 않았다. 인적 없는 밤에도 완주의 고택은 포근했다. 자그마한 별빛 아래 반짝이는 조명이 밤의 고택을 단장했다. 어두운 밤, 산속의 무릉도원에 도착한 듯 복숭아 대신 약과를 먹었다. 투숙객에게 무료로 제공하는 서비스 중 하나인 간식 바구니에서 발견한 열매였다. 미니 약과 두 개의 달콤함이 단잠을 불러왔다. 묵직하게 내 몸을 눌러주는 광목 이불 아래에서 긴 잠을 잤다. 다음 날 아침 8시가 다 되어서야 침대 밖으로 나와 몸을 움직였다.

산책 대신 다도를 했다. 따뜻한 물로 씻고 나와 정갈한 몸으로 차탁 앞에 놓인 방석 위에 곱게 앉았다. 계절별로 제공된다는 찻잎을 넣어 우려낸 차를 마셨다. 상큼한 꽃향기가 올라왔다. 전날 예약해 둔 아침 식사 시간까지 남은 시간은 고작 10분. 차탁 앞의 문을 활짝 열어젖혔다. 한옥 앞에 자리한 단풍나무와 눈 덮인 한옥의 기와지붕이 병풍처럼 펼쳐졌다. 그림 같은 풍경을 바라보며 아침의 공기를 들이마셨다. 머릿속까지 맑아지는 겨울 공기의 서늘함이 따뜻한 차의 맛을 더했다.

육체와 정신을 깨워주는 차가움이 경직과 긴장을 불러오는 추위로 이어지기 전에 일어섰다. 꽁꽁 얼어 있는 얕은 연못 위의 징검다리를 건너 아침 식사가 제공되는 〈카페 두베〉로 들어갔다. 단아한 도

자기 그릇에 하나씩 수북하게 담긴 나물 반찬이 하나, 둘, 셋, 넷… 무려 일곱인 아침상이 나를 기다렸다. 자리에 앉자 따뜻한 차와 놋그릇에 담긴 누룽지, 도톰하게 부친 호박전까지 한 접시가 더 나와 8첩 반상을 완성했다. 감미롭게 흘러나오는 음악에 살랑이며 고택 내 텃밭에서 직접 재배한 채소와 주변 농가의 로컬 푸드로 만들었다는 전라도식 반찬과 누룽지를 먹었다. 분에 넘쳐 고맙고도 송구한 마음이 일었다. '제가 이런 아침을 먹어도 되는 건가요? 지금 이게 진정 현실인가요?'

꿈만 같은 현실이 꿈처럼 사라질까 자분자분, 눈 내린 겨울 산과 소나무를 바라봤다. 그 어느 때보다 찬찬하게 식사했다. 후식으로 제공되는 커피와 자두차 중 당연히 자두차, 여기에서만 먹어볼 수 있는 차를 골랐다. 깜찍한 티 푸드(딸기와 전병)와 함께 나온 자두차는 내 눈과 코, 입, 손 모두를 자극했다. 따뜻한 찻잔을 들고 새콤한 향에 취해 호로록 한 모금을 마실 때마다 달콤한 맛이 전해졌다. 찻잔 위에 동동 떠 있는 레몬과 큼직한 자두 과육, 초록초록한 로즈메리 잎과 동글동글 귀여운 빨간 열매의 조합은 또 어찌나 사랑스럽은지. '지금 여기, 이 순간의 충만함'이 무엇인지를 알려주는 차 한 잔이었다. 뱃속의 음식뿐 아니라 가슴 속의 평화가 함께 차올랐다. 내 몸과 정신에 가득한 안온함을 안고 고요한 아침의 한옥마을 길을 조금 걸었다. 바람이 없고 따뜻한 날씨가 지금의 나와 같았다.

플리커책방에서 만난 책과 사람 책

체크아웃하고 〈플리커책방〉에 들어갔다. 오늘도 장작 타는 소리와 물 흐르는 소리가 책방을 감쌌다. '여기가 바로 책 읽기 좋은 곳'이라고 속삭이는 듯했다. 완주에 생긴 첫 번째 독립서점, 〈플리커책방〉은 현대미술과 건축, 전시, 문학 등의 예술적 경험을 두루 제공하는 〈소양고택〉답게 한옥과 커피, 음악과 미술, 시와 정원 등을 주제로 한 서가가 있었다. 〈플리커책방〉이 선정한 이달의 베스트 도서와 블라인드 북, 책구름 출판사 자현 편집장의 Editor's Pick 특별 큐레이션도 인상적이었다. 특히 눈길이 머문 건 그간 진행한 북토크 도서만을 모아 놓은 공간이었다. 책방은 심야 책방과 작가들의 북토크, 원데이 클래스를 정기적으로 열고 있었다. 내가 방문할 '뻔'했던 11월에는 김용택 시인과 정호승 시인의 북토크가, 내가 방문한 12월에는 (이미 지나갔지만) 신경숙 작가의 북토크가 열렸다. 여기 이 공간에 모여 앉아 함께 보냈을 시간의 온기가 느껴지는 책들을 바라보는 것만으로도 따뜻함이 전해졌다.

누군가의 선택을 간절하게 기다리고 있는 것만 같은 책들 사이를 거닐다 타라 브랙의 《쓰지 않은 마음》을 집어 들었다. '쓰지 않은 마음'의 '쓰지'는 과연 '글을 쓰다'의 '쓰지'일까, '사용하다'의 '쓰지'일까 궁금했다. 부제와 저자 소개를 보니 '쓰지'의 뜻은 후자에 가까워 보였다. 타라 브랙은 명상가이자 임상 심리학자로 폭력과 불평

등의 사회를 살아가느라 '쓰지' 못하고 있는 우리 안의 근본적 선함을 일깨우는 방법을 알려주고 싶다고 했다. 하지만 나는 어쩐지 그 명확해 보이는 '쓰지'의 의미를 눈으로 보면서도 여전히 쓰기의 '쓰지'를 놓을 수 없었다. 그건 역시 내가 쓰는 사람이기 때문일까? 알 수 없는 고집을 안고 골라 든 책을 펼쳐 읽자마자 오늘 아침 자두차를 마시던 나를 보고 쓴 게 아닌지 눈을 동그랗게 뜨게 되는 문장을 만났다.

> 충분하다는 깨달음은 바로 여기 현존의 충만함 속에, 열린 가슴의 부드러움 속에, 삶에 귀를 기울이는 고요함 속에 머물러 있었다. 내면의 황금은 바로 이런 순간 은은하게 빛을 발한다.
> ─타라 브랙,《쓰지 않은 마음》중에서

내 안에서 발하는 황금의 빛을 마주한 순간, 책장을 덮어야 했다. 〈플리커책방〉 문을 열고 더 특별한 '사람 책'이 들어왔다. 열두 번의 책방 여행 이야기를 책으로 만들어줄 자현 편집장이었다. 편집장은 내 책의 기획자이기 전에 오랜 책벗이었다. 동갑내기 아이 양육자에, 매일 걷고 쓰는 사람들은 연결될 수밖에 없었다. 블로그에서 5년 넘게 쌓아 온 인연이 편집자와 작가로 이어졌다. 우리는 시작 단계서부터 놀라우리만큼 죽이 잘 맞았다. 서로의 머릿속에 서로가 들어갔다 나온 듯 같은 그림을 그리며 즐거웠다. 열두 번의 여행 중 꼭 한 번은 함께 하자는 바람도 거기서 나왔다. 그 한 번이 마지막 밤이 었으면 좋겠다는 생각도, 편집장이 애정하는 공간이면 좋겠다는 마음도.

찰떡같이 포개진 마음으로 함께 정한 날의 오후, 동그란 화덕 앞에 둘러앉았다. 책구름 출판사 대표와 〈소양고택〉 이문희 대표도 합류했다. 날이 날이니 만큼 대화는 자연스럽게 사흘밖에 남지 않은 한 해를 돌아보는 것으로 흘러갔다. 그리고 이내 놀라운 일이 벌어졌다. 열두 번의 여행을 하며 가장 많이 한 생각이 나 아닌 타인의 입에서 나왔던 것이다. 그것도 토씨 하나 다르지 않게. 오늘 처음 만난 이문희 대표가 말했다.

"올해 저는 제 한계는 제가 만든 거라는 생각을 제일 많이 했어요. 나는 이건 안 돼, 이건 어려워, 이건 힘들어, 하면서 제쳐 놓았던 것들이 사실은 나 스스로 만들어 놓은 한계였다는 생각이 들더라고요. 지레 선을 그어 놓고 넘어보려고 하지 않았던 것들이요."

열두 밤의 책방 여행이 내게 준 건

입 밖으로 꺼낼 수 없는 감탄사를 외쳐댔다. 소리 없는 '찌찌뿡'과 '소오름'을 반복하며 지나온 밤을 되짚었다. 열두 번의 모든 밤은 나의 한계를 넘는 밤이자 부수는 밤이었다. 내가 넘고 부순 한계는 멀미나 체력이 아니었다. 그게 내 한계라고 생각해 왔던 나의 오랜 생각이자 그 안에서 걸어왔던 나의 같은 경로였다. '친절하게 행동하려면 당신이 종종 자신이 걷던 길에서 이탈해야만 한다'는 타라 브랙의 말은 진실이었다. 1년의 여정으로 가장 크게 달라진 건 '친절함'이었다. 그 누구도 아닌 나 자신을 향한 친절. 오랜 시간 나에게 간절하고도 아득했던 태도가 나에게 왔다.

진즉부터 치밀한 계획을 세워놓고도 걱정하며 조마조마하던 나는 어디로 가버린 걸까? 육체의 떠남은 필시 정신의 자유로 흘러가는 걸까? 강박적으로 반복하던 일상에서 멀어지자 느긋한 내가 찾아왔다. 길 위의 나는 놀랍도록 느슨했다. 돌아갈 틈도 없이 꽉 죄어 있던 나사가 톡, 하고 풀어지자 다시 돌아온 일상도 달라졌다. 두 번의 코로나와 꼬리뼈 골절까지 앓으며 침대에 누워 빈둥거리는 법을 배웠다. 연애 리얼리티 프로그램을 보며 과몰입하고, 드라마를 보며 눈물을 쏟았다. '내가 이렇게 놀아도 되는 걸까? 이런 시간을 가질 자격이 있나?' 몰아치는 내가 없는 휴식이었다. 자기비판과 비난이라는 '두 번째 화살'을 쏘며 괴로워하기 바빴던 나를 뚫고 천 개의 기쁨이 쏟아져 들어왔다.

이것이 바로 '내적인 자유'다. 이제 당신은 다음에는 또 어떤 일이 찾아올지 걱정하며 조마조마해하는 대신, 마음의 문을 활짝 열고 천 개의 기쁨과 천 개의 슬픔이 당신을 오롯이 관통하도록 내버려 둘 수 있을 것이다.

— 타라 브랙, 《쓰지 않은 마음》 중에서

"제가 1년간 여행을 하면서 느낀 점을 너무 똑같이 말씀하셔서 깜짝 놀랐어요. 저도 그랬거든요. 내 한계는 내가 만들어왔다는 생각. 남편과 아이가 있는 여자 혼자서, 그것도 멀미가 심한 몸으로 대중교통을 이용해서 어울리지도 않는 여행을 이렇게 마치고 나니 내가 만들어 놨던 한계를 넘어서 봤다는 짜릿함과 함께 나 자신이 이렇게 장하고 대견할 수가 없어요. 조금의 후회와 아쉬움도 남지 않는 연말, 한 해의 내가 마냥 자랑스럽기만 한 건 올해가 처음인 것 같아요. 전에는 늘 근거도 없는 허무함이랄까. 한 해가 제대로 한 것도 없이 흘러가 버렸다는 생각이 먼저 들었거든요. 내가 이룬 성과들이 분명히 있음에도 불구하고, 너무나 자연스럽게요."

이문희 대표의 이야기에 맞장구를 치며 고백했다. 벅차오르는 대견함을 표현하지 않고는 견딜 수 없었다. 이날의 자랑은 시작에 불과했다. 이후로도 오랫동안 만나는 사람들을 붙잡고 나를 칭찬했다. 엄마로 살면서도 나를 잃지 말라고, 아이를 훌륭하게 키우면서도 나 자신으로 성공하라고, 더 많은 사람에게 나를 알리며 브랜딩하라고, 더 멋진 글을 써내며 작가로서 영향력을 키워가라고… 내가 잘하는 것보다 아직 해내지 못한 것을 채근하며 채찍질하는 세상 속에서 나 자신에게 쉽게 줄 수 없었던 찬사가 요술 맷돌에서 쏟아져 나오는 소금처럼 흘러나왔다. 찬사를 뿜어내는 맷돌이 내 안에 들어오자 '사자의 포효'가 들려왔다. 티베트에서 '신뢰'를 묘사하는 말이자 삶의 모든 곤경을 향해 가슴을 열어젖힐 수 있는 자신감과 힘, 기쁨을 나타내는 말. 〈플리커책방〉에서 이야기를 나누는 순간이 바로 타라 브랙이 말한 '사자의 포효'였다.

내 곁으로 퍼져가는 '사자의 포효'

그 어느 때보다 넘치는 힘으로 자신감과 기쁨이 가득한 태도, 이 모든 경험이 불러일으키는 지혜와 사랑을 직접 느끼고 있는 일상. 가장 큰 상실과 가장 큰 두려움을 비롯한 모든 경험이 지혜와 사랑을 불러일으키는 잠재력을 지니고 있다는 사실을 신뢰하는 것이라는 사자의 포효는 내 곁의 이들에게도 전해졌다. 들리지 않을 수 없는 소리로 퍼져갔다. 지난 9월, 친구들과 처음으로 지하철을 타고 신촌에 다녀온 아이는 그사이 동대문으로, 버스 나들이로 지평을 넓혔다. 친구들이 올라탄 버스를 놓쳐 4차선 도로 위 한복판에 혼자 덩그러니 남겨지는 경험까지 더했다.

기다리던 조건의 중고차가 매물로 나와 예상보다 빠르게 차를 바꾸게 된 남편 또한 혼자만의 차박 여행을 떠났다. 8월에는 횡성으로, 9월에는 포천으로, 10월에는 이천으로, 11월에는 평택으로. 결혼 후는 물론 결혼 전에도 혼자 하는 여행은 가본 적 없던 그가 마지막 여행을 앞둔 나에게 말했다. "열두 밤을 다 채워도 여행은 계속 갈 거지? 그만두지 말고 한 달에 한 번씩 다녀와~ 그래야 당신 재충전도 되고, 나도 다녀오지. 슬기는 안 가는데 나만 갈 순 없잖아. 우리 같이 하루씩 다녀오자! 너무 좋은 거 같아."

　일상을 벗어난 그의 목소리는 빛이 났다. 바로 여기 현존의 충만함 속에서 빛을 발한다는 내면의 황금은 은은한 빛이 아니었다. 물리적인 거리를 뚫고도 전해지는 찬란한 빛이었다. 아이도 다르지 않았다. 1년 전의 12월, 왜 엄마 혼자 여행을 가냐며 서운해하던 아이는 이제 엄마의 정기적인 여행이 끝날지 걱정하며 빛나는 날을 기다렸다. 겨울방학 중인 아이는 어제도 오늘도 혼자 집에 있는 중이었다. 심지어 어제는 갑작스러운 아르바이트생의 결근으로 편의점을 하는 남편이 밤 10시가 넘어서야 집에 들어올 수 있었지만 그 무엇도 문제가 되지 않았다. 아이는 10시가 넘도록 잠을 자지 않고 마음대로 놀 수 있는 자유를 반기며 만끽했다. 집에 없는 엄마에게는 전화 한 통도 하지 않았다.

　완주에 오기 나흘 전, 아이는 바라고 또 바라던 2층 침대를 선물받아 많이 늦었지만 구태여 재촉하지도 않았던 잠자리 독립까지 완료했다. 1년 사이 너무도 달라진 아이를 보며 우리는 "내가 하루씩 집에 없었기 때문에 더 훌쩍 자란 걸까, 그 여정과 상관없이 그럴 때가 됐던 걸까?" 물었지만 결과는 자명했다. 1년을 지난 우리는 단단해졌다. 세 그루의 나무가 자라 각자의 자리에서 더 깊이 뿌리를 내렸다. 무성한 잎사귀를 흔들었다. 나 혼자 보낸 모험의 시간이 만들어 준 '함께'의 밀도로 서로를 끌어안았다. 한겨울의 차가운 바람에도 식을 수 없는 온기가 우리를 감싸 안았다.

그 길 의 끝 에 는 다 시 , 또 새 로 운 길 이 있 어

'장거리 이동이 어려운 몸에 어린아이를 키우는 엄마가 떠나는 여행은 어떤 모습일까? 그 여행은 여행을 떠나는 자신에게 무엇을 남길 수 있을까?' 1년 전 용산의 카페에 마주 앉아 그 답을 찾아보자 작당했던 자현 편집장과 뜨끈한 순두부를 먹고 집으로 돌아오는 길, 1년간의 여정을 마무리하는 길은 또 다른 여정을 시작하는 길이 되었다. 다시 또 펼쳐질 10년을 향해 걸어가며 마음의 문을 활짝 열었다.

집에 돌아온 나는 요가를 시작했다. 오랫동안 나와 맞지 않는다고 확신해 왔던 생각이 또 한 번 와르르 무너졌다. 요가원의 매트 위에 앉아 호흡에 집중하는 것만으로 완전한 시간을 이어간다. 내가 걷던 길에서 이탈할 때 얻을 수 있는 자유를 만끽하며 현존 속에서 휴식하는 법을 배워간다. 열두 밤이 준 선물은 일상 곳곳으로 흘러간다. 그 시간을 글로 쓰며 더 많은 이들 곁으로 흘려보낸다. 이제 다시 사자의 포효를 내지를 시간. 앞으로 찾아올 모든 경험이 지혜와 사랑

을 불러일으키는 잠재력을 지니고 있음을 신뢰하며 또 한 걸음을 내
내딛는다.

완주

플리커책방

평일에 간 오성한옥마을은 한적했지만 주말에는 <소양고택>과 <플리커책방>, <카페 두베> 등 한옥 고택을 활용한 갤러리와 감성 카페, 독립서점 등을 즐기러 방문하는 관광객들로 붐빈다고 한다. 특히 2019년 방탄소년단이 일주일간 머무르며 뮤직비디오와 화보를 촬영한 장소로 입소문이 난 뒤에는 BTS 팬클럽 아미(ARMY)는 물론 일반관광객의 방문이 많아졌다니 한적하고 고요한 완주의 고택과 인근 자연환경을 즐기고 싶다면 평일에 방문하는 걸 추천한다.

<소양고택>에서 전주역으로 나오기 위해서는 오후 3시 20분과 오후 5시 20분에 두 번 운행하는 마을버스를 타야 한다. 82-2번 버스는 오성리 정류장에서 탑승해 소양 정류장에서 810번 또는 820번 버스로 갈아타면 된다. <소양고택>에서 전주콜택시와 마을 콜택시 번호를 알려 준다.

에
필
로
그

마지막 여행을 다녀온 뒤 10개월이 흘렀다. 아이는 이제 한 달 뒤면 열한 번째 생일을 맞이하고, 남편은 여덟 번의 홀로 여행을 더해 '열두 번의 차박 여행'을 완성했다. 그의 여행은 책방 여행이 아니었음에도 책과 함께였다. 이 책의 초고를 쓰고 있을 때만 해도 5개월째 읽고 있던 《친절한 복희씨》를 완독한 것은 물론, 여행을 갈 때마다 책 한 권을 챙겨가는 모습을 선사하며 두 권의 책을 더 읽었다. 여행을 갈 때마다 도서관도 빼놓지 않고 방문했다. 물론 책을 읽기보다는 아내가 쓴 책을 찾아 사진을 찍어 오기 위함이었지만. 어찌 됐든 1년간 무려 세 권의 소설을 읽고, 열 군데가 넘는 도서관에 방문해본 건 그의 인생에 처음 있는 일이었다.

나는 떠나지 않고 머물렀다. 일주일에 두 번 요가하고, 피아노를 쳤다. 매일 아침 걷고 쓰는 일상의 반복 속에 단 한 번의 여행을 따로 또 같이했다. 서울에서, 파주에서, 용인에서, 남양주에서, 울산에서. 우리는 각자 살고 있는 지역에서 혼자 여행을 떠나 북 스테이 책방에서 하룻밤을 보냈다. 2주에 한 번 화상 회의실에서 만나는 온라인 독서 모임 멤버들과 함께한 첫날 밤이었다. 조명을 끄고 어두운 책방 한가운데, 따스하게 불타는 장작불 앞에 모여 앉아 보낸 밤은 앞선 나의 열두 밤이 가져다준 선물이자 새로운 밤을 여는 전환점이었다. 다시 시작하는 나의 여행인 동시에 시작이 쉽지 않은 누군가를 초대하는 여행의 시작.

"남편과 아이들을 두고 나 혼자서 여행을 와본 건 처음이에요. 누군가에게는 아무것도 아닐 수 있는 이 하룻밤이 저한테는 얼마나 떨리고 긴장되는 일이었는지 몰라요. 그런데 이렇게 잘 도착해서 함께 하룻밤을 보내니 이 시간이 그저 꿈만 같고 뭐라고 표현할 수 없는 감정들이 올라와요. 뭐랄까, 뭐든 다 할 수 있을 것 같은 자신감이 솟구치는 느낌? 내가 장하고 멋진 느낌!"

책방 여행 워크숍 덕분에 떠나게 된 홀로 여행에서 처음 느껴 본 그녀의 감동이 대체 어떤 마음인지 궁금하다면? 이제 여러분이 길을 나설 시간이다. 좀처럼 떨어지지 않는 엉덩이를 일으켜, 익숙하고 편안한 일상을 거슬러, 길 위에서만 만날 수 있는 나를 향해서, 길 위를 걸을 때 전해지는 내 몸의 진동을 그리며… 따로 또 함께 할 여행을 기대하며 다시, 나도 길을 나설 준비를 한다.

이 책을 들고 여러분을 기다릴게요. 전국의 책방에서 반갑게 만나요!

나로 향하는 길

초판 1쇄 발행 | 2023년 11월 7일
초판 2쇄 발행 | 2024년 3월 1일

지은이 | 김슬기
펴낸이 | 정태준
편집 | 자현
디자인 | 정하연
펴낸곳 | 책구름 출판사
출판등록 | 제2019-000021호
전화 | 010-4455-0429
팩스 | 0303-3440-0429
이메일 | bookcloudpub@naver.com
카페 글비배곳 | cafe.naver.com/knowledgerainschool

ⓒ 김슬기, 2023
ISBN 979-11-92858-12-8 03910